醒醒吧，恋爱脑：
为什么你走不出失恋？

绅女 / 著

漓江出版社
·桂 林·

作者序

市面上已有很多“相爱之术”“恋爱心得”的书。但回到源头，爱情其实只和我们自己以及所爱的“他”有关，并不存在放之四海而皆准的技巧。

他人实践下来确实有效的“斩男术”，换到你我身上可能只是东施效颦的矫揉造作。

不考虑我们不可控制的命运无常，决定爱情幸福的因素其实只有——相爱的两个人。

如果你们都是心智成熟、人格健全、渴望亲密关系的人，就算没有丝毫感情技巧的积累，仅仅依靠“真诚以待”的原则，你们也能拥有幸福的恋情并在相处过程中自然而然地找到最适合彼此的“相爱之术”。

所以无法拥有理想爱情的根源并不是技巧、经验的缺乏，而是另外两个原因：

一是因为内心有症结，渴望用爱情填补自己内心的黑洞，而不是纯粹地去爱一个值得爱的人。出发点错了，自然难以走向幸福的目的地。

二是因为思维错了，拿错了地图自然会偏离原定的路线，相处中任何一次情绪困扰、矛盾冲突都能让你恐慌不再被爱，开始怀疑身边人是否是对的选择。

不同于其他的恋爱书，我会从“失恋”这个爱情失败样本入手，来帮你梳理出隐藏于内心的症结和思维误区，让你的内心和思维都焕然一新。

只要你的思维是澄清的，只要你的内心足够强大，就能建构自己的小世界。在那里，爱情真的可以很简单。

这才是让你彻底走出失恋的方法——不仅仅是放下一段已逝的错爱，更重要的是拥有幸福的能力。

说句找打的实话，接触了许多失恋后痛苦的女生，我有得到安慰。因为我也曾被黑暗吞噬过。

那时的我，全职身份是一名创始人。创业以后巨大的利益出现在我面前，我的世界天翻地覆。做个靠谱儿的人、对他人真诚以待的简单规则彻底失效了，信用、承诺、体面、原则都可以让位于利益。

除了顺应，让自己的心逐渐变冷、变硬，在那个“黑暗丛林”里成为绝对的强者之外，我没有其他选项。

当我第一次在知乎看到许多女生对于失恋、对于爱情、对于自我的提问，我看到那些问题背后遍布着受伤的、悲苦的、失望的灵魂。虽和我的缘由不同，但最底层的迷惑是一样的——真心待人注定会被辜负吗?

看到这些痛苦的讲述时，我不再感到孤独。“原来还是有那么多单纯的、傻气的，坚信善良就能得到回应的人哪！”

我开始在知乎答题。商业财经的我不敢答，因为我是那个世界的伤员和逃兵；但在情感领域，我始终有深爱我灵魂的丈夫，随时迎接我、维护我的朋友，在那个小天地里，我的心始终是幸福快乐和温暖的。

那我一定是做对了一些事，发现了一些规律。我想把这些统统告诉你们。

于是在饱含最多眼泪的“失恋”问题里，诞生了“绅女”，也有了我的第一本书。

爱的信任和美好的彼岸，需要拥有完整的人格和强大的内心才能抵达。在这趟旅程中，从伤痕到疗愈，从脆弱到坚强，从失去到拥有，恰好我都有经历过。

在走出迷茫必经的暗夜，也许我可以做你的那点微光。

目 录
Contents

你准备好了吗？

让我带你走出人生至暗时刻

1

第一章

是什么在让你痛苦?

决定我们自身的不是过去的经历，

而是我们自己赋予经历的意义。

——阿德勒

他提了分手，你的生活凭空缺了一大块儿。原来每天都会出现的聊天头像，不管你查看多少次，如今只是安静地躺在通讯录里；原来你喜欢的餐厅、喜欢的街道、喜欢的公园，都不能再去了，去一次你就会回忆一次，回忆一次你就会痛苦一次；原来的夜晚是你最喜欢的时间，但现在看到床的另一边空空荡荡，只会让你感到心痛难熬；即便勉强睡着了，那个人还是执拗地钻进你的梦里，强迫你哭着醒来……

你试过转移注意力——去看书，去运动，去旅行；可本该陪你的人不在了，这些事情你也再提不起兴趣。生活中的每时每刻、点点滴滴、细枝末节似乎都少了些什么，让你痛苦不堪。你想要拯救自己，你试着去理解为什么失恋让人痛苦。你发现失恋的痛苦犹如毒品戒断，你要戒掉大脑对恋爱催生的多巴胺、催产素等神经递质的瘾。在戒断过程中，你的每一次思念，发给他的每一条微信，花在社交媒体上“视监”他的每一分钟都是一次破戒，只会加重你的瘾。

可是知道这些并没有什么用。你很迷茫，如果恋爱是上瘾，分手是戒断，那为什么有的人症状那么轻，换作你要走出失恋却那么艰难？明明有的朋友恋爱时间更久，投入也更多，可是分手以后她哭过几回、醉过几场也就云淡风轻了，为什么只留你在悲伤里翻涌？

面对相同的失恋遭遇，有的人洒脱，有的人淡然，有的人耿耿于怀，有的人悲恸失控。到底是什么差异，让人的情绪各异？在回答这个问题之前，让我们先做一个情景想象的练习。

有两个女生咪咪和莉莉：咪咪自卑敏感，总是担心男友会因为自己不够有魅力而变心；莉莉从小就备受父母宠爱，对自己的异性吸引力绝对自信。她们最近都遇到了一件糟心事，她们的男友都突然提出了分手，而且分手不到一星期，她们就从朋友那里听说，前任迅速有了新女友。请问，咪咪和莉莉听到关于前任的最新消息，分别会有怎样的反应呢？

自卑敏感的咪咪从消息里证实了自己的担心，男友果然移情别恋了，新欢肯定比自己更好看，身材也更好，说不定连工作都要比自己优秀不少。她甚至会推测：也许男友根本没有爱过自己，只是暂时没有更好的对象，一时寂寞就先和自己将就着相处；也许他在没有提分手的时候已经出轨了，等到新恋情快瞒不下去了才匆忙和自己提出分手。于是咪咪在分手的震惊和痛苦之外，又徒增了强烈的挫败情绪，“自己果然比不上新欢”。过了几天，咪咪刷到了前任和新女友的合照，伤心之余又被愤怒笼罩——前任既然看不上自己，为什么当初还要招惹自己？一时悲愤交加，她忍不住发了微信质问对方，讨要一个说法。可是前任正忙着和新女友两情相悦，面对旧人咪咪的质问也就是敷衍了事，冷冷回应了一句“你想太多”。咪咪内心的挫败感再次得到印证，愈发觉得自己全然比不上别的女生。同时，自尊受到伤害的咪咪对前任感到无比失望和愤怒，觉得自己的真心被辜负和践踏了。

那莉莉呢？对自己的魅力绝对自信的她听到消息后，很好奇为什么前任眼光突然差到要找比自己丑那么多的女人，但心里禁不住一阵暗喜：“渣男再也找不到像我一样好的女人，迟早后悔。”她找闺蜜吐槽前任的新欢，闺蜜分析这种长相不行的女人一般都很懂绿茶招数，估计前任就是这么被勾搭走的。“这种眼光、脑子都不行的渣男，幸亏自己跑了，否则太膈应了！”莉莉还是觉得心里有点堵，决定和闺蜜去KTV尽情唱一场，唱完《分手快乐》就让那段糟糕的恋情在心里彻底翻篇。过了几天，莉莉刷朋友圈看到了前任和新女友的合照，确认了新欢果然比自己丑，认定前任就是丑人多作怪，他刷存在感还妄想她会妒忌，真是太好笑了。

时光流逝，情绪逐渐平复的咪咪，对新的恋情依然感到恐惧，不敢再轻易进入亲密关系，怕自己会再次被人抛弃和伤害；而莉莉呢，早就接受了新的追求者，在新恋情里春风得意的她，有时还忍不住感叹：多谢前任不娶之恩。咪咪和莉莉的后续剧情大概率如此。

从这个情景练习里，咪咪和莉莉所遭遇的失恋是完全一致的，可恶的前任不仅提了分手，还无缝衔接。但她们的情绪反应却完全不一样：咪咪陷入了自卑挫败的情绪深渊；莉莉洒脱霸气，失恋对她只是“下一任更乖”的小烦恼。

在相同的失恋和咪咪与莉莉截然不同的情绪反应之间存在一个看不见的“处理器”，它的名字叫认知。两个女生不同的认知，决定了她们如何看待前任向自己提出分手并很快找到了新欢这个事实，也由此激发了截然不同的情绪反应。

所以让咪咪痛苦不堪的，并不是失恋，而是她的认知。

认知魔法

让我们继续情景想象。感到挫败的咪咪始终无法接受凭什么自己还心如刀割，前任却能在分手以后迅速有了新欢。她在网上不停地刷着情感视频，想要找到一个解释。很巧，她刷到了我的一集视频。在视频里，我告诉她，觉得自己比不上新欢，认定对方没有分手就已经出轨，怀疑对方从头到尾都在玩弄自己，这些念头都是受到挫败情绪影响的推测。面对相同的事实，如果是一个非常自恋的人反而会带着骄傲的心态做出完全不同的推测——“他找别的女人是为了气我，让我妒忌；他找新欢说明他真爱我。”

如果我们排除掉所有情绪的影响，在已确定的事实基础上进行分析，一个人从一段关系迅速进入另一段关系，不留任何空窗期，这样的行为只能说明这个人对于感情没有反思。不管多么难熬和痛苦，咪咪分手以后至少花了很多时间在复盘和总结，希望能对逝去的爱情做一个总结。但是她的前任并没有，他匆匆开始一段新关系，用甜蜜的恋情避开了反思。

亲密关系是人生重要的课题，并不是一门轻轻松松就能通关的学科。一个不对感情进行反思的人相当于一个从不复习的学生，咪咪的前任其实也很难在爱情的考试里拿高分。看起来他一头扎进了新的恋情，春风得意，但其实与不复习功课、刷抖音刷得兴高采烈的学渣也没有什么不同。最后我还告诉咪咪，在感情里被分手的那个人不需要承担后悔的风险。但是她的前任，那个主动放弃关系的人就要一个人承担选择的全部后果。在未来漫长人生路上的每一段失落和低谷中，他都要扪心自问是不是自己选错了。可悲的是，对于这样连反思都不敢、急着用新关系麻痹自己的人，后悔的概率是极大的。

看完这集视频的咪咪，情绪会有什么样的变化？她会因此得到不少安慰，原来的懊恼、羞愧以至卑微的情绪都缓解了不少，甚至还暗暗生起了一些骄傲的情绪。因为比起自己，前任根本没有足够的自身能量进行反省和成长，他只能不断依靠新欢来肯定自己的价值。

你看，一样的咪咪，因为对于所经历的事得到了正面的开导，她的情绪就立刻出现了积极的转变。

这并不是我假想出来的例子，“无缝衔接的真相”的视频是真实存在的。实际上，我也的确收到了很多失恋女生的留言，说我的这集视频让她们的情绪顿时得到好转——

“我本来当时都裂了，看了之后却一下子舒坦了不少。”“心里舒服多了。”“换个逻辑思考这个问题，瞬间成人上人了。”“你这么一说，我心情突然好多了。”

迅速带来情绪积极变化的就是认知的白魔法。我在这些女生的思维里植入了新的认知，而新的更接近事实的认知催生了更合理的情绪，女生们的心情也得到了好转。

但如果你一直困在错误的认知里，那你能体验的只能是认知的黑魔法；与白魔法正好相反，它会不断制造负面甚至失控的情绪，失控的情绪又进一步刺激你采取无效的行动。你不断地给前任发消息、打电话，你找前任身边所有的亲朋好友求助，甚至抛下原则和尊严去苦苦哀求，希望他不要和你分手，而这些行为又强化了你的错误认知：“原来自己果然是个爱而不得的废物，我的人生实在是太卑微和可笑了。”

错误的认知给你带来了糟糕的情绪，情绪刺激行为，行为强化认知，三者相互作用，形成了循环往复的恶性怪圈。不久你就会发现，分手以后你好像真的成了废物，对生活里的任何事情都打不起精神来了，学习、工作没有一件事能够做好。越是做不好，你就越害怕自己不会再被爱，越害怕你就越不愿意放手让曾经的爱人离去。于是，一场更可怕的循环继续上演。

就这样，黑魔法悄无声息地偷走了你的生命力还有复原力。你明明什么都没有变，不过是一个曾经的陌生人回归了人海，你却彻底失去了单身时那样快乐生活的能力。

感受不是事实

看到这里，你应该已经知道失恋痛苦的根源是认知，但你可能有了新的疑问：“好吧，我懂了。但为什么偏偏是我的认知有问题呢？”

我们在接收外界信息时并不会像监控录像那样进行刻板的记录，我们会对真实世界里的各种信息进行加工和处理，给这些信息赋予主观的意义。这个信息加工的过程就是认知。比如，我们和好朋友咪咪约了去玩剧本杀，她迟到了20分钟。对于这件事，我们的记忆并不会如监控录像所记录的是冷冰冰的事实——2022年1月3日，和咪咪约了15：00见面，但是她15：20才出现。我们都会给这件事加上自己的解释：“咪咪这个人不守时”“咪咪今天可能遇到了一些突发情况”，等等。不同的人会有不同的解释，甚至有的人会气恼地控诉：

“咪咪根本不重视我，我的友情对她而言没有价值。”

从上面这个例子我们就能发现，事件本身的意义是模糊的，可能只有咪咪知道真实的原因，但我们的解释会给我们自己带来截然不同的反应。这就是心理学中的情绪 ABC 模型：A 是事件本身，也就是监控录像拍下来的画面；B 是我们的解释，也就是我们的认知所描述的故事，而且我们常常错误地认定 B 才是事件本身；C 是我们的反应，也就是情绪还有情绪带来的心理和生理感受。

我们都能看到事件 A 和反应 C，但是很难觉察到潜在的 B。就像你现在认定是被劈腿、被欺骗、信任被辜负等事件让你痛苦，但实际上是你对这些事件的解释诱发了你的负面情绪。

同样的事件，因解释不同而带来的情绪反应也完全不一样：认定咪咪不守时的朋友可能已经很生气了；猜测咪咪可能遇到突发情况的朋友并不会生气，反而会担心她；觉得咪咪不珍惜自己友情的朋友在生气的同时，还感受到一些自尊心受伤的沮丧。

那为什么不同的人对于咪咪的迟到有着不同的解释呢？

咪咪过往的表现会起决定性因素：如果她以前也经常迟到，那么这次迟到我们就会倾向于认为她就是一个不靠谱的人。我们还会回忆和咪咪的交往经历，如果以前的相处经历都证明她是个虚情假意的人，那么她的迟到就成了她不在意我们友情的新证据。

当我们对咪咪迟到的事实进行信息加工时，对咪咪原有的观念会在很大程度上决定我们对这件事的解释。

如果我们把迟到的咪咪换成了恋情失败的自己，就能发现情况是完全一致的：如果我们相信自己是有魅力、值得被爱的，那我们就会像莉莉那样，认定失恋更多是对方的问题，分手也是对方的损失，这样的解释自然能让我们轻松洒脱地走出失恋；但如果我们本来就是自卑的、孤独的、内心充满着焦虑的，那我们就更倾向于在自己身上找失恋的原因：我做错了什么？为什么他不再爱我了？我哪里比不上新欢？……

对失恋的解释决定了我们对失恋的不同反应，而我们对失恋的错误解释又源于对自己的消极信念。理解了这一点，你就能找到害你沉溺在失恋痛苦中的真正原因，自我认知偏差才是折磨你的幕后黑手。

找到问题的核心，就能对症下药。只要你能回到源头修正错误的认知，就一定能走出失恋，而且你还会从中重建全新的自我。

你可能不相信我的话。因为很多关于自我的消极信念是在童年时就埋下的，等你慢慢长大以后，小时候的经历可能都忘记了，但这些消极的自我信念却已经根深蒂固，甚至都成了条件反射。

现实世界只要出现一件不那么肯定你的事，消极的自我信念就会被你下意识地作为解读这件事的认知模型，自然你就只能得到有偏差的结论，而这种错误的认知又会让你陷入反常失控的情绪。就像现在，失恋带给你的痛苦实在是太强烈了，你无法顺畅呼吸，胸口很闷，心跳加速，失眠，没有食欲。这些感受又让你觉得大脑里无时不在的消极念头是那么真实——

“我真的没有办法离开他！再也不会有人爱我了！我已经痛到要死了！这一次我真的挺不过去了！”

但情绪再强烈也不能证明你的认知是正确的，更不能说明你的感受就是事实。情绪痛苦难耐只能说明你的认知出错了，你在大脑里人为地制造了绝望和消极主题的幻象。从你现在的状态中抽离出来，回忆一下这段恋情之前的自己，在心情平和的时候，若遇到和现在的你有相同苦恼的朋友，你是不是一眼就能发现他的想法并不是现实？

只是因为你现在正处在失恋的情绪风暴中，才让这些感受看起来像是不容辩驳的绝对真相！但是假的始终是假的，不要被幻象欺骗了，记得不断提醒自己：感受不是事实。这一点非常关键。

悲伤会消失吗?

那是不是只要修正了认知，从此就不会再因为失恋而悲伤？

不，痛苦是人生无法避免的事情。失去爱、被迫分离、被拒绝，或者在乞求复合时遭到羞辱、挫败，任何人遭遇这些打击情绪都会波动，谁都不例外。

但正常的消极情绪和不正常的消极情绪两者之间存在明显的区别——

当曾经相爱的人选择离去，你告诉自己："这段感情结束了，我很怀念在一起的时光，失去他我感到悲伤。"这时候你的悲伤没有被扭曲，由此而来的情绪也是自然流动的。就像我们平常会用的比喻——"悲伤像潮水一样"，它涌进心头，也会退去。这样的情绪是真切而且健康的。

但是因为对方提出分手，你告诉自己："我被抛弃了，我再也快乐不起来了。我这一辈子不可能再信任男人了！人心太黑暗了！"这时候你所体验的，并不是对方离开你这么一个单纯的悲伤事件，而是被你内心的不安还有自尊受挫后的愤怒渲染放大的一系列事件。这时你所感受到的悲伤就是认知扭曲下不正常的产物。

不正常的情绪不会流动，如同突兀矗立在心海的丑陋僵硬的岩石。你所有的注意力都被这块大石头夺走了，你用尽全身力气想要推走它，但是它纹丝不动。一次次斗争，一次次失败，你完全气馁了，你不再相信如此巨大的岩石会有消失的那一天。所以你长久地走不出失恋，你不知道失恋还要折磨你多久，甚至你暗自觉得，从此往后你对所有异性都会感到愤怒和恐惧。

但当失恋发生时，左右你情绪的从来不是爱人的表态，也不是你高超的“情绪控制术”，而是也只能是你的思维和认知。你的情绪源于你对所发生事件的理解，你现在的痛不欲生，绝大多数都可归因于错误的认知。只要能修正这些认知，悲伤的礁石就会重新化为潮水，再悄然离开。

所以这本书也许会和你看过的所有失恋主题的书都不一样。我会从认知入手，帮你理清失恋背后的真相，重新修正关于自我的信念。

相信我，只要掌握认知的白魔法，你不仅能走出失恋，更能彻底摆脱禁锢人生的消极思维牢笼。

绅女的心理课堂

从“认知”入手，我不仅能帮你走出失恋，还能帮你重塑自我。不是因为我自负敢承诺，更不是因为我试图给你喂鸡汤。让我有底气的是，心理治疗体系中的认知疗法的权威性和循证证据。

20世纪50年代，纽约著名临床心理学家阿尔伯特·埃利斯（Albert Ellis）自创了理性情绪行为疗法（REBT）。60年代，宾夕法尼亚大学医学院博士、权威精神病学家亚伦·贝克（Aaron Beck）提出了认知疗法（CT）。两位先驱的研究成果一起汇集成了著名的心理疗法——认知行为疗法（CBT）。

认知行为疗法是当今欧美社会最普及和最受推崇的一种心理疗法，得到了大量临床数据的效果证明。它不仅仅能帮人们走出失恋或者满足自我价值重塑等心理需求，即便是针对抑郁症、焦虑症、失眠障碍等心境疾患的治疗，也有非常显著的疗效。

阅读这本书的过程也相当于一场心理治疗，我会以咨询师的立场来和你对话，结合认知行为疗法不同分支的主要技术，帮你觉察到对待自我和爱情时你可能存在的错误认知，在我的陪伴下重建新的认知结构。当你的不良认知得到改变以后，你不仅能应对失恋带给你的痛苦情绪，还能拥有一个完全区别于从前的新的行为模式，在未来新的感情里得心应手。

2

第二章

把你困在失恋中的十大执念

当你为错过太阳而哭泣的时候，你也要再错过群星了。

——泰戈尔

失恋以后你的理性可能已经完全下线，彻底成为失控情绪的奴隶。

你内心明明知道彼此都需要冷静一下，但就是控制不住自己每天打电话、发微信问他到底为什么要分手，把对方逼到不耐烦了索性拉黑删号，断了和对方沟通交流的任何可能；你明明知道人生是一段旅程，人来人往都很正常，但是知道了也没有用，你就是认定了没有他，人生只能是晦暗一片，脑海里不断尖叫“怎么办，我该怎么办”；你明明知道不应该再去关注对方，看对方的动态不会有任何好的结果，但还是忍不住每隔一小时就不停地刷他的动态，抱着复合的心态从细枝末节猜测他的一举一动，“他网易云听的歌很忧伤，他也在后悔吧”。

不用担心，你不是孤身一人。

这一章我先要列出失恋的人当中最常见的十大执念和迷思，并且我会从认知角度来告诉你这些执念背后的逻辑错误。因为这些扭曲的认知才是造成你情绪起伏和失控的罪魁祸首。

破除了执念，才能接近恋情终结的真相和本质。那么无论是走出失恋，还是重塑自我，你都有了理性的基础，不再沉溺于蛮荒的情绪中。

我真的很爱很爱他，我放不下

如果我们的思维是非常清晰的，就能知道这句话当中“很爱很爱他”和“放不下”并没有因果关系。因为爱包含着尊重和接纳对方，若是真爱，即便对方选择离开，你也是会放手并给予祝福的。所以你放不下的并不是因为“爱他”，而是因为情绪化推理，你把情绪当成了事实的依据。你的逻辑是，“我感到很崩溃、很绝望，所以我肯定没法放下这段感情”，“既然我那么痛苦，那我一定很爱他”。

但感受并不是事实。如果我们正确地去分析，就能知道让你痛苦的是在失恋里受到伤害的自尊，是自己付出没有得到回应的感情，是对未来的恐惧，是自己消逝的青春年华，是也许不会再有人喜欢自己的焦虑。而情绪化推理误导了你，于是你一股脑地把痛苦的症结归因于对方身上，却看不到自己内心的伤痛和黑洞，也就主动放弃了启动疗愈的机会。

失去了他，我失去了爱的能力

这是很典型的“灾难化思维”。你是不是彻底失去了爱的能力，根本没有也不可能经过现实的验证，你就武断地给自己的未来下了一个负面的判词。你并不是先知，你也不会算卦，可是你深信不疑自己子虚乌有的预言，甚至在情绪席卷而来的时候，还会不断地告诉自己：“我撑不住了，我熬不过去了，这次我真的要疯了。”你其实平安地度过了每一天，但就是对自己的“不幸”坚信不疑。

让我们再想一下，成长过程中你是不是也曾经这样妄下过结论？比如，因为一次考试失利，你也曾经怀疑过自己可能根本不是学习的料，但后来慢慢地你也跟上了课程的进度，顺利地毕业升学。现在的你去看当时学堂里的自己，也知道那时纯粹是庸人自扰，而如今断定自己不会再爱的你所犯的也是同样的认知错误。

再也不会有人像他那样爱我了

这句话背后的认知扭曲是对事实的放大和缩小。因为有一个人不再爱你了，于是你决定把他的爱无限地放大，不断地在回忆里寻找他爱你的证据，证明他的爱大到没有其他任何人可以匹敌的程度。同时，你又把其他人的爱看得无足轻重，此时陪你聊天的朋友、安慰你的同事在你眼里都不值一提。

实际上，除了死亡，所有造成两个人分手的本质原因都是“不够爱”。因为不够爱，所以战胜不了贪欲，也抵抗不了家庭的反对、金钱和现实的考验。那么一个不够爱你、选择离开你的恋人，又怎么可能在爱你的排行榜上永拔头筹呢？

如果你的认知是正常的，没有受到消极信念的影响，你就会意识到，只要不断提升自我，那么你的魅力和吸引力就会不断增加，你获得的爱也会成倍增加。

同样的认知偏差还会破坏你的爱情观，你会选择性地放大恋爱失败的后果——“太可怕了！我要成为剩女了！所有人都会嘲笑我。”但是在看待自己的其他人生成就时，你的思维正好相反，你会觉得它们都不值一提——“如果没有他的爱，我的事业再成功又有什么意义呢？”

被这种不平衡的价值观主宰，你当然会觉得一次失恋就是人生的重大打击。并不是因为你的内心有多脆弱，而是你用的认知模型太离谱。

我教会了他什么是爱，他却拿来爱别的女生

这句话背后还有一句潜台词，那就是“我教会了他什么

是爱，所以他必须只爱我一人”。这种以自己的意愿为出发点、认定某件事必须发生的想法就是“绝对化要求”，这也是一种典型的认知偏差。

感情并不是经纪公司和偶像爱豆之间的合同，公司好不容易培养出来的爱豆，合同中清清楚楚地写明了禁止他违约的条款；但是作为一个自由的成年人，他的情感是会变动的。这是客观规律，并不会因为你的意愿而有所改变。

相同的认知偏差还会让你困守在其他执念里——“他明明说过会爱我一辈子，凭什么那么快就变心？”人心会变，他在承诺爱你的时候也许是真心，但是当他说出不爱的时候也未必不是真心。就算你再要求、再命令，逼迫他下跪、磕头、道歉，也无济于事，他的心变了就是变了。

也许你会绝对遵守自己对爱的契约，而违背诺言的前任在爱情里的道德低于你的预期。面对这个无奈的事实，如果是一个思维中没有“绝对化要求”的女生，她会很庆幸前任离开了自己；况且既然她有把不成熟的男孩教导成懂珍惜、懂爱的男性的能力，那她的下一任男友一定会更棒。

所以让你愤愤不平的并不是前任道德低下的变心，而是你的认知里“绝对化要求”的错误。如果不能修正这个认知错误，你只会陷入两种思维困境：要么你就降低自己对爱情的期望值，认为反正男人都会出轨，自己也只能忍；要么就开始对所有男性感到失望和愤怒。如此看待亲密关系的你，永远摆脱不了情绪的折磨。

失恋让我觉得很挫败，我很怀疑自己

失恋被分手，觉得自己好失败。听起来好像是人之常情，对吧？但是让我们再想一下，恋情失败的原因全在被分手的那一方吗？

很多时候，情况并不是这样。也许是一方根本没有想要认真经营感情的打算，所以相处时一遇到问题就选择放弃；甚至有可能一方本来就是抱着玩玩的态度，或许早就有了新的猎艳目标。

那为什么一旦被分手，你就自动得出自己不够优秀、自己很无能的结论呢？这背后的认知偏差就叫“自罪自罚”。本来对方提出分手有各种原因，但你却武断地认为一定与你有关，而且只与你有关；之所以他会分手，都是因为你不行。

其实别人的行为最终主导的人只能是他自己。不管你是谁，你多漂亮、多成功、多优秀，你最多也只能是影响他人，你绝对无法掌控另一个人。所以对方要分手还是不分手，决定因素都在他自己身上，和你并没有多大的关系。至于分手以后，他找的新女朋友是什么样的，比你美或者丑，他的生活是更幸福还是更不幸福，也同样和你没有什么关系。

他为自己选择了要走的那条路，而你要做的是继续自己的人生。

我连恋爱都谈不好，更别谈其他了

舞蹈家杨丽萍分享了自己的生活视频，有人点评："一个女人最大的失败是无儿无女。"梅艳芳把自己嫁给舞台和粉丝，然后伊能静拉踩："女人应该先有爱，再完成自我价值，否则就很惨。"你看到这样的评论，是不是觉得很可笑，怎么能用结婚、嫁人、生小孩这样的标准来推翻杨丽萍和梅艳芳的卓越成就？

当你的思维是正常的时候，你能迅速发现这些评论背后的认知偏差——"非此即彼"和"以偏概全"。"非此即彼"是只要没有结婚、没有生小孩，不管人生其他领域多精彩、多耀眼都没有价值，你就是一个失败者；"以偏概全"是只要一次恋爱没有谈好，那就代表以后所有的恋爱都谈不好。

失恋的你倔强地戴着这副扭曲的眼镜看待自己，死死钉着自己在情感历程的一次失败，拒绝再看到其他精彩，偏执地全盘否定自己。这样的执念只能把你逼进死胡同：如果不能成功挽回离去的爱人，你的人生就再也没有希望了。

找不到出路的你自然只能在绝望和无助里越陷越深。

他怎么可以这样对我！为什么啊？

让你无法理解和接受的可能是各种狗血的遭遇，比如，“他怎么可以在我生病的时候，当着我的面和其他女生聊天”，“ 他怎么可以在我最需要他的时候，音信全无”，“他怎么可以欺骗我”……

看了是不是让人咬牙切齿、胸闷气短，无论如何也要找前任理论个水落石出？但这时候你的认知正在使用它的黑魔法，它让你无法进行正面思考，对于这些问题你其实看不到全面的答案，甚至很多时候你只能想到恶毒的自我贬低的解释：“因为我蠢，他才会这么对我！可是我还爱他，我真的是太贱了。”你对他的愤恨更多是源于错误认知带来的对自己的攻击。

如果你能顺利避开“否定正面思考”的认知陷阱，用逻辑穷举的方法就能找到答案。正确的答案其实就是通过整理重新建立了认知，自然而然地会让你缓解愤怒的情绪。

我们可以再来做一个情景联想，你的前任出于什么动机做出那些无耻行为？

第一种可能性，他就是故意的。那些伤害你的行为是他有意为之。如果是这样，一个处心积虑找机会要伤害你的男人突然主动转移了目标，你是多么幸运。

第二种可能性，他故意这么做是为了让你对他死心。这种可能性其实很低，因为人性倾向于在分手时扮演无辜者，把责任抛给对方而不是自己主动当恶人更符合规律。但就算我们的推测成立，那也说明在他心里已经预判到你们继续走下去，他会对你做出比那些伤害更可怕的事，所以他选择伤你轻一点的行为。对此，你难道不应该感谢他的好心好意，然后决绝远离吗？

第三种可能性，他不是有意的，他也不知道动机和目的，总之就稀里糊涂做了伤害你的事。那这样的人就像一个陀螺，不断地转，却不知道行经的方向，选择接近他的人迟早会被割伤。那么这样的人，你最该做的依然是抽离，而不是陪着陀螺让自己的生活也一起陷入混乱。

当我们的认知是正常的，我们在分析前任行为的时候也是从他这个行为主体出发，而不会用他人糟糕透顶的行为作为粗暴对待自己的借口。

思维里自我攻击的念头少了，情绪自然也能缓和不少。

我知道错了，我一定改，再给我一次机会

一段关系走到尽头，不可能只是一方出了错，一定是两个人的问题。但是你看不到这个事实，你只能听见他提出分手时单方面的理由：也许是“你不关心他”，也许是“你太作、

太情绪化了”。你反复回味、琢磨这些指责，然后觉得他说的就是你们感情消亡的终极回答，就是因为你的坏行为破坏掉了他的爱。

你无法看到事情的全貌——既然是两个人的问题，就不存在谁原谅谁、谁接受谁。这个更接近事实的理解被你自动过滤掉了。

如果你的认知里没有“心理过滤”这个错误，你就会理解，即便是真的要重新开始相爱，也需要两个人都意识到自己的问题并进行改变，才有可能重新去构建一段更牢固的亲密关系。否则你单方面的改变和哀求，只会让关系愈加不平衡，你在用你的卑微惯养他的放肆；即便挽回，他依然会重复原有的行为模式，而且更理直气壮：“你知道我是怎么样的人，但是你还要和我在一起的。现在又来抱怨我？”

这样的爱情绝对不是你想要的。

男人都不是好东西!

失恋让你感到受伤，对于前任产生愤怒情绪，这是非常正常和合理的。但是很多女生会把前任的不端行为扩大到所有男性——前任脚踩两只船了，于是推断出男人就是会出轨，然后给所有男性打上“该死”的标签。

如果你因此就对男性彻底失望了，不再期待爱情，这对于走出失恋而言倒未必是一件坏事；但真实世界里的这种失望情绪，更大概率是让你放弃对情感忠诚的期待，反而让你无法决然离开违背了感情契约的恋人。毕竟在你扭曲的认知里，全世界的男性都和你的男朋友一样会出轨。既然全世界的男人都不是好东西，至少在这一个身上你已经投入了很多感情，交往相处花了不少时间，如果能说服他和新欢分手，也许这一次克服了所有感情都会遇到的出轨挑战，未来你们的感情就能稳定与顺遂。

这一切明明就是你脑补出来的想象世界。一个人为什么会出轨，原因可能和他的感情观有关，可能和他的自我价值认定有关，可能和他的成长环境有关，唯独不可能单单和他的性别有关。

你看，表面看起来你很潇洒地给所有男性打上负面标签，实质你所做的是帮前任找寻借口，同时也扼杀了自己开启更健康、更成熟的恋爱新模式的机会。因为你不再对自己所能拥有的爱情质量抱有信心和期待。

道理我都懂，但是我真的控制不住自己

情绪很难也不该被控制，但是情绪化行为是可以控制的。我们都有对某人、某事暴怒的经历，但我们很少真的会暴力

相向，诉诸武力动手打人。这就是控制情绪和控制行为的区别。所以这个执念只是一个自我欺骗、不再约束自己的借口。

一段自己付出真心的感情结束后，内心肯定会受伤，哭泣、失眠，甚至生理上出现其他不适症状都很正常，没有必要太恐慌，也没有必要去压抑自己的情绪。我们可以通过大哭、奔跑、写作、去 KTV 唱歌、享受美食等各种方式宣泄情绪。

控制情绪化行为，不恶意攻击对方，不骚扰对方，这是普通人都能做到的事。

以上这十大执念如水藻一般缠住你，把你淹死在失恋的水底。如果找不到正确的应对方法，那无论你怎么用力，水藻都只会是纹丝未动，越缠越紧，让你沉在漆黑的水底，喘不上气，也看不到生路。

这时候你需要的是一把锋利的刀，来割断、清理你思维里混乱的羁绊。针对失恋中的十大执念，我结合美国心理学家阿尔伯特·埃利斯“合理情绪理论”和伯恩斯的“新情绪疗法”，总结出了恋爱执念背后的十大认知错误。

这就是我想要交到你手里的刀。这把刀不仅能帮你走出失恋，在你后续的自我成长历程里也作用非凡。

我用下面的表对它们再次进行总结。如果你能熟记这些认知错误的内容和解释，则当你又一次被失恋的情绪和迷思困扰的时候，你也就知道如何游出深潭了。

恋爱执念背后的十大认知错误

认知错误	释义
情绪化推理	你把情绪和感受当成了事实的依据。“因为我现在很痛苦，所以我一定没有办法走出失恋。”大多数情况下，这些情绪都是源自错误的认知，所以情绪自然也就失去了反映事实的指引能力
灾难化思维	也叫“妄下结论”。你明明不是先知，却对自己未来不幸的预言坚信不疑。“他不爱我了，我熬不过去了，我真的没有办法再去爱了。”
放大和缩小	你把一次失恋的挫败看得无比严重，全盘推翻自己的优点和未来可能；但是对于自己的其他成就和可能，又会不理智地认为不值一提
绝对化要求	人际交往的黄金原则是按照我们想要的方式对待他人，但我们并不能控制他人按照我们的心意行事。当你的大脑里充满了“他必须爱我”“他应该改变分手的决定”等念头时，你就在遭遇“绝对化要求”的认知错误，你会因此不断产生愤怒、沮丧，甚至仇恨的情绪
自罪自罚	他人做出负面消极的行为，根源在于他，你却把责任大包大揽到自己身上。“因为我不够迷人，所以他才会移情别恋。”

续表

认知错误	释义
非此即彼	即“二极管”思维的学术名词。一次恋爱失败不过是人生经历的一部分，你却因为这一点就认定自己是一个彻头彻尾的失败者，人生也注定一无是处
以偏概全	一件事在你身上发生一次，你就认定它会反复出现。一次失恋就认定以后自己的每一段感情都会失败，只能孤独终老了。于是，被分手的痛苦和绝望让人无法承受
否定 正面思考	你拒绝任何全面中立的思考，对于任何他人的表达和行为你都用消极的信念来解释。他之所以会提出分手，背后的原因有很多，甚至可能和你根本没有什么关系；但这个认知错误让你看不到这一点，你只能得出贬低自己的答案——“因为我没用，我没有魅力！”等等
心理过滤	也叫作“选择性失明”。你从恋爱过程中单独挑出一段细节，然后反复回味，认定这就是你们感情的实质。如果你挑选的是恋爱初期的情话，你就因此认定你们还相爱，拒绝接受对方提出分手的事实；如果你恰好挑选的是自己的一次坏脾气爆发，你就认定是自己犯错才造成感情的失败，于是反复向对方发誓自己会改，求对方能够回心转意
乱贴标签	你没有看到人的错综复杂和千变万化，你把自己和他人都看成是一座石头雕像，不会改变，可以简单地建立模型并复制。“乱贴标签”是比刻板印象更浅薄的思维

3

第三章

失恋是成长的契机

愉快有益于人的身体，但只有悲伤才能培养心灵力量。

——马塞尔·普鲁斯特

痛苦的意义

因为突如其来的失恋，你整天以泪洗面、夜不能寐；你借酒消愁，借着酒精的勇气再一次哭着求他别走，他却义无反顾冷冷拒绝。你第一次体会到原来痛彻心扉不是修辞，心真的会伤、会痛。你不知道如何应对、如何排解这种山崩地裂的悲伤情绪，你暗自希望时间可以加速，或者自己可以长眠不醒，生活就能直接跳过现在的痛苦，从一个全新的起点重新启动。因为失恋后的日子，在你眼里是避让不及、无力承受的至暗时光。

可是，这段痛苦的黑暗是有意义的。这句话不是鸡汤，也不是洗脑，与辛苦上班就能有钱、成功不一样，痛苦和个人内心成长之间存在因果关系。我们几乎可以武断地说，没有痛苦就不会有觉醒，每一位在心理学史上留名的大家都是例证。

个体心理学的创始人阿德勒有一个核心理论叫作“课题分离”。他认为，一切人际关系的矛盾，都起因于对别人的课题妄加干涉，或者自己的课题遭到别人的妄加干涉。比如，你提出了复合的请求，对方拒绝了，提出复合是你的课题，拒绝是他的课题。

如果能做到“课题分离”，那只要你完成了你的课题，说出自己所想即可，至于对方接受还是拒绝就是他的选择。你便不会因为被拒绝，大脑里就立刻上演“我果然不值得被爱”的幻想大戏。没有错误的认知，挫败的情绪自然也不会接踵而至。

再比如，上一段恋情里你选择信任男友，但是他践踏了你的信任。信任他人是你的课题，而如何对待他人的信任则是你男友的课题。

如果你理解并能执行“课题分离”，就该知道被辜负和你自己没什么关系，而是因为对方的为人处世。你便不会因为自己曾经信任他人而感到自责、自厌。你对自己的课题负责，同时也不干涉他人的课题，这样的你自然不会犯“绝对化要求”“自罪自罚”等认知错误，折磨很多人的失恋执念也不会影响你。

那么，为什么阿德勒能提出“课题分离”这样伟大的概念和人生哲学？是因为他学富五车、天赋过人吗？并不是。他的成长过程充满着不幸，正是他与这些不幸不断缠斗直至和解的经历才奠定了他在心理学理论方面开拓与建设的基石。

阿德勒身体羸弱，患有佝偻病，一直到 4 岁才学会走路。他回忆自己的童年，最清晰的记忆是自己被绑带绑着坐在椅子上，健康的哥哥在他身前上蹿下跳，行动自如，可是他每动一下都会极度紧张，非常费力。身高不足 165 厘米，自觉长相丑陋的他从小活在更健康、更优秀的哥哥的阴影下，他幼年的内心经历着许多矛盾和痛苦。如果换成当代流行词，就是他的原生家庭充满负能量。可也正是童年记忆里与哥哥比较下的挫折和痛苦让他在直面困难中得到启发，领悟到了“健全的自卑感不是来自与别人的比较，而是来自与‘理想的自己’的比较”，也才有了《自卑与超越》这本经典巨作。

相比病弱的阿德勒，精神分析学派宗师荣格的童年更为不幸：幼年的他极其孤独，两个哥哥在他出生之前夭折；争吵不休是他父母婚姻的常态，母亲的性情反复无常，父亲是严谨的路德教派牧师，没有人给荣格温暖的爱和关注。中学时代的荣格不是优等生，老师和同学也并不喜欢他，甚至在他 12 岁的时候被推倒撞到石头上，出现癫痫、昏厥的症状。

可也正是父母紧张的婚姻关系，还有充斥整个成长记忆里的孤独和失落，让荣格有了深入关注自己内心世界的动机，有了他人生下半场的荣耀；他提出了引领心理学学科发展的人格理论。

还有一位是大家都熟悉的人本主义心理学派的开创者马

斯洛。至今我们谈论到人的需求都会引用他的理论。他在回忆录中所描绘的童年找不到任何欢乐的光芒。他和父母的关系冷淡，回忆起父亲的时候，他说“父亲觉得我是傻瓜和白痴”，而“可怕”是他用来形容母亲的。他在孩童时期无比孤独；他在少年时期被自卑笼罩，觉得自己长相丑陋，处处不如人；成年后他被心脏病、胃肠紊乱、抑郁症等各种疾病纠缠。痛苦几乎伴随了他的一生。即便到最后，他和母亲的矛盾也没有得到化解。

可也正是这些伴随他一生的痛苦成了他洞察自我的土壤。马斯洛在总结自己的学术成绩时，不忘提及缺少母爱的童年：“我对伦理的关注，我对人道主义、善良、爱、友谊和所有其他美好事物的强调是从哪里来的？我确知它们并不是我所得到的母爱的直接结果。但是，我的生活哲学、创立理论的整个取向以及所有的研究，却都可以从憎恶和反感她所喜欢的每件事情中找到根源。”

除了精神分析学派、人本主义心理学派外，心理学三大流派之一的行为主义学派创始人约翰·华生同样有着晦暗和凄苦的前半生。在他 13 岁的时候，父亲抛妻弃子，和情人双宿双飞。家庭的变故、父亲的遗弃让他敏感、暴躁，不仅学业表现极差，还成了因打架斗殴而遭拘捕的问题少年。

这些心理学大师的人生，比起他们的理论更直接地告诉我们：痛苦是改变的开始。我们每个人虽都具备成长的潜能，但成长并不是自发的，需要痛苦和混乱来当催化剂。

现在痛失吾爱的黑暗让你那么无助，可这又是你迎来全新自我高光时刻所必须经受的。等到黑夜翻面之后，将是新的白昼。

创伤后成长

痛苦滋养成长在心理学的术语叫“创伤后成长”（Post-Traumatic Growth，简称 PTG）。美国临床心理学家理查德·泰德斯奇（Richard Tedeschi）和劳伦斯·卡尔霍恩（Lawrence Calhoun）最早在 1995 年提出这个概念。通过访问、调研，他们发现：一部分人在遭遇诸如长期羞辱或者虐待、绝症、至亲离世等严重的创伤性事件后，变得更坚忍，愈发热爱生活，与家庭和朋友的关系更亲密。他们把这个现象称为“创伤后成长”。

他们归纳了创伤带给受访者内心三个方面的自我重塑和成长：

首先是自我的改变。因为有了应对创伤的成功经验，他们在应对困境时更有信心，自我价值感也得到了提升。

其次是改善和他人的关系。失去至亲的痛苦经历让他们意识到人与人的缘分多么脆弱和短暂，从而更珍惜和他人的相处；被父母忽视甚至虐待的孩子，在成年后对于家庭以外爱自己的人怀有更多的珍惜和感恩之情。刚刚介绍的未曾得到父母之爱的马斯洛便是婚姻幸福、白头偕老的代表之一。

最后一个成长便是生命哲学的改变。人们重新思考人生的意义和价值，重新调整人生的优先级。

两位心理学家用地震做比喻：创伤性事件打破了我们的世界观，撼动了我们的旧有观念，在残垣断壁中，我们又试着重新构建自我和心中的世界。没有在废墟里自暴自弃，选择重建的人被他们称为“幸存者”。根据他们的统计，大多数收获了“创伤后成长”的人都宁愿自己从未有过那样的痛苦，在经历之前也不会相信自己能从创伤中获益，但高达89%的“创伤幸存者”报告了至少一个方面的成长：他们或者开始有勇气追求内心的召唤，或者重新建立更亲密的家庭关系，等等。

可惜，并不是所有人都能从痛苦中成长。虽然两位心理学家把观察到的现象命名为“创伤后成长”，但成长并不会在创伤后自动降临，带来成长的关键因素是我们如何对待创伤。因为人与人在对待痛苦的方式上千差万别：有的人能直面现实，接纳发生在自己身上的痛苦，尝试探索痛苦中蕴藏的意义和启发；有的人却不愿意面对这些不如意，在游戏、酒精里逃避，或者索性成为情绪的奴隶，放弃思考和理性。

成长的钥匙藏在我们体内，这把钥匙找还是不找、用还是不用，决定了谁能从逆境隧道里走出来，谁将被痛苦彻底击垮，再也回不来。

从失恋中受益

失恋是创伤，同样是场心理地震。

你对爱情有很多“曾以为”：曾以为他就是那个人，曾以为只要自己真心付出就能得到回报，曾以为承诺是会长期有效的；曾以为人心都是肉长的，彼此一定会珍惜相伴数年的时光；曾以为一起渡过难关的两人的未来一定会浪漫美满。

但分手那一刻，你曾有的信仰全部崩塌。你无法理解为什么人可以那么反复无常、翻脸无情：喜欢你的时候，对你怎么好都嫌不够；不喜欢你的时候，连陌生人的客气礼貌都不再见，对你的悲伤、心痛、抑郁全都不闻不问，不理不睬。

你也不懂自己了：遇到他之前你明明过得很独立、很自信，怎么一触碰恋爱就变得患得患失、焦虑不安；当他收回对你的爱，你宛如快要溺水的人死死拉住他不放，仿佛他是你赖以生存的氧气，怎么你就不能回到没有他的原始状态？

在茫然、混乱中，你看到一切关于谈不好恋爱的分析，都觉得是在说自己。你缺爱、你逃避、你依赖、你焦虑、你低自尊、你遇渣体质、你“恋爱脑”……你毫不犹疑地把这一张张标签全贴在自己身上，可是标签再多也不是答案，你更加怀疑和忐忑，到底哪个阶段的自己才是真实的？

是的，失恋彻底摧毁了你对爱情、对异性、对自己的认知。但这可能是个好消息。

《黑客帝国》里活在矩阵世界的人类有稳定的工作、舒适的住宅，美食、美景触手可及，不会遇到任何外界威胁，也不会有自我的挑战。他们无须去想什么、选择什么行动。矩阵通过神经交互，模拟打造了一个安全、温和的虚拟世界。那里的人类和在母亲身体里的婴儿一样，不会感到酷暑严寒，也不会感到饥饿，只被羊水温柔地包裹着，蜷缩在子宫里就能无忧无虑，直到某一天矩阵的不稳定状况多到无法修复，就随着矩阵一起悄然崩溃和消亡。

尽管这些被机器圈养的人类感觉到无比真实地活着，但他们并没有真的活过。身体被囚禁在箱体内，心灵被矩阵操控，他们只是给机器供能的电池。唯有带着主角光环的尼奥能被唤醒，被给予了选择服下红色药丸的机会，看到世界的真相。而你，不需要主角光环，就拥有了苏醒的契机，唤醒你的墨菲斯就是失恋。唯一不同的是，失恋没有给你双色药丸的选择，它制造了一场地震，直接摧毁了你的培养皿，割断了你的脑后插管。

赤裸醒来的尼奥第一次用自己的眼睛看到身边斑驳的光影，用自己的耳朵听见嘈杂的喧嚣，用自己的皮肤感受到现实的冷暖。原本安全、有序的旧世界荡然无存，他要担负起救世主的重担，带领人类文明对抗机器大军。幸运的是，你的任务没那么艰巨。你醒来了，满目疮痍的大地上只有你孤身一人，但在不远处有一份包装丑陋的礼物。你需要做的是，克服必然的不适和恐惧，不再去尝试接回插管，而是走过去打开那份礼物，探究墨菲斯唤醒你的目的到底是什么。

从你收下礼物的那一刻开始，成长便开启了。

痛是爱的必经之路

也许你依然无法说服自己。你想要的明明是甜甜的恋爱，为什么非要先接受痛苦？为什么我不能直接告诉你用什么办法和他重归于好，这样你不就能继续幸福和快乐了吗？因为人生绝大多数事物都不是二元对立的。恋爱只有甜，没有苦；爱情只有激情，没有平淡；相爱只有得到，没有付出——这些只在甜宠偶像剧里存在。一体两面才是现实规律，譬如自由与自律，譬如成熟与天真，譬如成长与痛苦。

全世界的每一个人都希望拥有美好幸福的人生，和喜欢的人在一起，激情永续，一同体验世间繁华、人间烟火。但是如果我问你，为了实现这个希望，你愿意承担什么痛苦，你会怎么回答？

如果你没有思考过这个问题，或者你认为爱就应该是甜蜜的享乐，痛苦不在考虑范围之内，那恕我直言，上面那一段希望于你永远只会是希望。因为任何一段感情一定会遇到问题，这本身就是一种痛苦，试图解决它们的过程又会带来新的痛苦。因为你的爱人并不能照着你的喜好量身定制，你和世间的任何一个人都可能有不愉快的冲突，这时你是否愿意克服冲动的情绪，通过沟通达成新的共识？生活也不会按照你的理想剧本上演，当变故来临的时候，你是否愿意承担命运的无情，坚守相爱的初心？

每一个愿意背后都是痛苦。如果不接受这些痛苦，你也就注定和真挚的爱情无缘，你能拥有的最多是一段段荷尔蒙驱使的逢场作戏，或者精心算计下的利益捆绑。

如同求学一样，老师设计各种难题来考验我们，人生也是一个不断迎接问题并解决问题的过程。遇到问题感到痛苦是提醒我们还有一些重要的课题没有完成，一些必备的能力没有习得。和掌握知识一样，只有当我们不试着逃课，不想着撕掉卷子，选择去面对问题，试着去思考和分析时，思想和心灵才能得到成长，心智成熟才会由此而来。

解决了一个问题，新的知识点就掌握了，那下次相同的题目就不会再难倒我们。失恋就是摆在你面前的一道新题。接受这道题，不是通过迅速进入新的关系，不是通过哀求挽回等方式来逃避。把失恋当作一次修正并提升自己认知的机会，你就能超越当前的痛苦，从痛苦中学到全新的看待自我和外在世界的思维方式。更重要的是，这道题通关了，以后就不会再有类似的困扰了。因为超越了痛苦也意味着超越了原有的认知，重塑了全新的自我，于是你从痛苦中汲取了能量，拥有了更强的复原力和思维能力。这正是这本书能帮你拥有的思维觉醒。

可惜，大多数人并不智慧。从某种意义上，我们每个人都害怕承受痛苦，遇到问题时都会下意识想到回避。有的人通过拖延，希望时间到了问题会自行消失；有的人自欺欺人，假装问题并不存在，就算存在也和自己无关；有的人用激情和贪欲来麻痹自己，假装片刻愉悦才是内心所求。所以世间真爱才会那么罕见和稀有。

情绪风暴

估计你依然在疑惑：虽然失恋和学习有着类似的意义，但是考试再失利你不过是有些气馁，有些害怕父母的责怪，绝对不会像现在那般痛苦；虽然我说的道理你都懂，但是你想要努力改变的时候，情绪的螺旋都会固执地把你拉进泥潭，最可怕的是，你越挣扎，陷得越深。

无助让你忍不住去联系前任，想要从对方的只言片语里得到一些安慰，也许他再给你片刻柔情蜜意，你就能拥有抵抗情绪螺旋的能量。但已经转身离去的恋人常常不遂你意。当对方愤怒地向你吼出“不要那么情绪化”的那一瞬间，你感觉手脚冰凉，心脏受到重击一般生疼，你恨透了身体内疯狂游走的糟糕情绪。如果你能控制它们，也许你从一开始就不会失去爱人。可是即便你把对方凶狠冰冷的苛责刻进大脑，不断提醒自己“不要情绪化”，但只要你想到这五个字，情绪的龙卷风就会立刻大举压境，羞耻、愤怒随之席卷而来。

你忍不住厌恶如此不堪一击的自己。为什么要为一个离开自己的男人而悲伤，为什么分手已经过去了几个月，甚至一年，绝望、郁闷、愤怒的感觉还是挥之不去？为什么你就是走不出失恋呢？ 这些疑惑看起来是问题，实质是伪装成问题的负面认知。你一遍遍逼问自己，就是一次次对自己的攻击，结果也只能是让你跌入更深的泥沼。这时的你看到我写下的“痛苦滋养成长”这句话，自然会下意识认定这是骗人的谎话。痛苦根本就是阻碍你开始正常生活的祸首，更别提什么滋养成长！

其实当你如此敌视情绪，认定必须击败它、消灭它的时候，你就已经进入了一个逻辑悖论——你并没有接纳痛苦是有意义的，与其相反，你无比厌恶它，想尽快摆脱它。如此一来，你又哪来的耐心和时间来让痛苦滋养成长呢？ 正是你对负面情绪的厌恶，才让你被失控的情绪反复折磨。当你因为消极的想法和情绪感到不安，警告自己“不要情绪化”的时候，负责生理躲避和防御性攻击的大脑环路就被激活了。这个环路一旦开启，身体就会像遇到危险准备逃跑或者战争时那样紧张起来。

当你所有的注意力、思维都被调动聚焦在如何控制情绪这项注定失败的任务时，你不可能还有精力和能力去关注其他事，你就这样把自己逼进了一个狭窄的死胡同。你无法摆脱当下感受，从一个新的认知角度审视自己的处境。你当然没有办法站在更高的视角寻找出路，当然也不会相信自己有其他选择。更糟糕的是，在你拼命寻找出路想要离开困境的时候，还有一个自己用最尖酸、最刻薄的词汇不断地批评你、攻击你。于是，在你亲手设计的死胡同里，你慢慢扼杀了自己走出来的可能性。

所以，想要让痛苦变得有意义，而不是白白地遭这一场劫，你首先要做的就是接纳痛苦。在失去挚爱以后，感到伤心、悲痛、愤怒和焦虑是人类自然的心理状态，是人与生俱来的特征。我们不是雕像，也不是机器。只要是人，想要完全摆脱情绪就不可能实现，也根本没有必要。

想尽办法去控制或者消除情绪，这项不可能完成的任务注定会像黑洞一样，一再耗泄你已经很微弱的能量，你的状态只会变得更糟。因为问题不在于情绪本身，而在于我们对情绪的反应。我们的错误反应，把本该短暂飞逝的失恋痛苦转变成了持久弥散的苦恼和悲伤，甚至厌食、抑郁等更严重的病症。

所以即便在失恋后，你体验到了完全超出过往经验的失控情绪，这也是正常的现象。你不需要去学习、去尝试控制情绪，你要控制的是“情绪化行为”：不因为悲伤就无节制地消费、疯狂进食；或者因为一时心痛难忍，就冲到前任家门口哭诉哀求，微信短信电话连环轰炸。

只要我们不对情绪做出错误的反应，情绪就会像被隔绝掉氧气的熊熊火焰，再猛烈，也会很快熄灭。

反刍

除了情绪风暴，失恋之后你还会遇到的一大困扰是，大脑不受控制地反复回忆你们交往的细节。比如，你想要看电影暂时排解一下苦恼，结果大脑像故意作对一样提醒你上一次你们在一起看电影时的甜蜜，刹那间你的心情又低落到悲伤谷底。

理性不停地告诉你往前看，毕竟反复舔伤口，伤口更难痊愈；你却没有办法管住自己的思绪，你无时无刻不在想念他，一遍遍地回想你们相爱时的情景和感受，反复思考为什么爱会突然不见，忐忑自己未来到底该怎么办。这种现象在心理学中称为反刍（rumination）。和情绪风暴一样，反刍也是遭遇创伤以后大多数人都会有的正常表现。不仅正常，反刍还是从创伤走向成长的必经之路。

“创伤后成长”概念的提出者，心理学家理查德·泰德斯奇和劳伦斯·卡尔霍恩在 2014 年又编制了“创伤后成长模型”，详细描述了成长到底是如何发生的。根据他们的研究，创伤性事件发生后，大多数人都会经历反刍，而且一开始的反刍都是自动且具有侵入性的。不管我们愿不愿意，和创伤有关的思绪都会钻进我们的脑子里，让我们不由自主地反复体会。经历过这个阶段以后，人们才可能从被动的、不可控的反刍进入到有序、主动的思考，并从中总结出新的体验与智慧。两位心理学家的成长模型在一年后得到了统计数据的验证。美国西北大学心理学家格雷斯·M. 拉森（Grace M. Larson）对 210 名近期经历过分手的年轻人进行实验调查，得出了相似的结果——多次进行情绪表达的实验组更容易走出失恋阴影，个人的痛苦情绪和孤独感也得到了更多缓解。

反刍为什么是必要且有用的？因为反刍意味着，你在努力思考和理解过去那段失败的感情其真实情况到底是什么，你会看清在失恋引发的心理地震里崩塌的原有信念存在哪些结构问题，从中你会建立起全新的、更强大和坚实的自我价值和爱情观。失去所爱、失去旧有自我的过程并不愉悦，但是它确实能帮我们拥有更成熟的心智，建立更健全的爱情观。

这也是为什么我在第一章里对“无缝衔接”行为进行分析时可以胸有成竹地论断：一个总是迅速从一段关系进入另一段关系的人，实质就是在依靠新欢来逃避反刍。他认定只要自己不去想，对你的内疚、对你的亏欠、对自己行为的不齿都可以当作不存在。这样掩耳盗铃的人就如同把头埋进沙子里的鸵鸟！可惜人生考场绝对公平，不是靠躲、靠捂耳朵、靠埋头就能躲过考试的，最终还是要面对亲密关系的低分。

希望读完这一章后，你可以接纳痛苦和反刍，在面对不受控制的情绪和思绪时，不再害怕，开始复习，重新学习上一次没有过关的恋爱课程。

也许因为激烈的情绪风暴，你连静下心来看完这一章节都做不到，那你可以先读第十二章《消极情绪急救指南》。

绅女的心理课堂

这一章内容的理论基础是接纳承诺疗法（ACT）。接纳承诺疗法是由美国内华达大学心理学系终身教授史蒂文·C.海斯（Steven C. Hayes）开创的心理新疗法，被称为继行为疗法、认知行为疗法后兴起的心理疗法第三浪潮。

与我在这章第一部分介绍的几位杰出心理学家一样，海斯本人也患有心理疾病。在他29岁的时候，惊恐发作的强烈不适让他以为自己心脏病突发。应对情绪的困扰和内心的痛苦让他获得了一个重要启示：人成长最快的时期，通常是自己感到痛苦和艰难的时期。因为这样的洞察，海斯确定了接纳承诺疗法的核心——接纳痛苦。

海斯相信，人总是会遭受痛苦的。外界的冲击和内心的负面情绪在每个人的一生中都会反复出现，面对负面情绪正确的应对不是去对抗、压抑、控制、消除，因为当我们竭尽全力想要驱逐情绪的时候，就再也没有能量去思考更有价值的事情。一旦人们愿意接受消极的情绪，就会更容易澄清内心深处的价值，进而在价值的引导下行动，而不是跟随情绪、感受无效行动。

面对来访者，ACT 咨询师会鼓励来访者正视并接纳痛苦，从中发现痛苦背后隐藏的价值，并由此获得前行的力量。

4

第四章

失恋后你可以做的事

等待很痛苦，遗忘很痛苦，但不知所措才是最大的折磨。

——保罗·柯艾略

感冒很难受，但我们都知道感冒了该做什么——保暖、喝热水、补充维生素 C、吃药，所以我们并不会感到恐慌，更不会慌不择路。不幸的是，对于大多数人而言，失恋都是陌生的课题。即便是原生家庭极其幸福，耳濡目染习得爱情真谛的孩子也未必上过失恋这一课。

比感冒难受千万倍的失恋突然降临时，你可能和许多人一样，知识体系里并没有应对它的行为指南。这样的你只能靠上网、靠读相关的书、从爱情电影或者小说里学，或者询问身边的朋友。很快你会发现，这些信息渠道给你的是截然不同的应对建议：某个网友告诉你，人在闲的时候就容易胡思乱想，找点事做就好了；另一个网友告诉你，我报名了某某机构，靠导师的帮助联系了对方，成功挽回了爱情；某本失恋的书告诉你，恨也要恨得云淡风轻，放下恨才能拥有一切，祝福前任才是真的放下；某部爱情经典电影告诉你，失去挚爱将成为你人生无法释怀的痛，从此以后你能做的也只能是努力活着；某个朋友又告诉你，不能只有你一个人不好受，让伤害你的人也同样不好过才公平！

失恋是一场情绪和理智的战役，失恋初期往往是情绪占上风。面对这么多建议，无所适从的你很可能会相信每一个，每一个都试着去做。可惜，这些建议都是别人的经验，他们没有一个人真的了解你，了解你的过去、你的爱情故事以及你在这段关系里所安放的寄托。在他人彼此矛盾的建议里，大概率你会更失落、更迷茫。

所以，这一章我想告诉你行为、情绪以及认知的关系。理解了这三者间的规律，你就能自行判断哪些行为能帮你疏导情绪，哪些行为会加重你的负面情绪和错误认知，害你继续深陷在失恋的困境中。

行为的影响

也许你已经察觉到了，失控的情绪在不断地刺激你采取行动：害怕前任有了新欢，你会立刻掏出手机翻阅他的社交媒体账号，分析每一条动态的蛛丝马迹；孤独难耐，会让你忍不住拨打他的电话，乞求和他说话；被他绝情对待以后，挫败情绪会让你自我放纵。但你没有看到的是另一层隐形的联系——你的行为同时在影响你的情绪。当你打开他的微信朋友圈，你就开始自责自己没有控制力，像个丧家犬一般思念他；当你拨通那个熟悉的号码，听到电话接起声的那一刻，你通体冰凉，卑微、凄惨得像个等待施舍的乞丐。

行为和情绪是一组双向的关系。除了情绪，行为还与我们的感受、认知，甚至性格等各种心理活动紧密相关。比如，我们都会背的“如入芝兰之室，久而不闻其香；如入鲍鱼之肆，久而不闻其臭”，说明了身处何地这个行动影响了我们的嗅觉感知。再比如，心理学中的“系统脱敏疗法”就是利用行动的这个特点，帮求助者解决身心困扰。晕血的实习医生寻求心理咨询师的帮助，咨询师通过让他每天观看人体内脏的图片和视频、接触假血袋等方式，循序渐进地消除他对血液的恐惧。

行为还会影响我们的认知。也许哭到累的你终于想到出去走走，但是另一个念头迅速出现：除了他，没有什么事情能让你好受些。于是，你继续躺在床上。这个行动恰好完美证明了那个该死的认知错误，让你对自己感到无比失望。“是呀，没有什么事情能让我好起来了，我躺在床上那么久还是累到不行，我已经彻底废掉了！”

正是因为行为可以改变人们的心理状态，才有了我们都已经很熟悉的“心理假动作”“吊桥效应”等心理学效应。

理解了行动的特点以后，你就能自己判断失恋后哪些事情可以做，那就是所有能给你的情绪和认知带来好处的事情，并且请记住“好处”的唯一裁判只有，也只能是你。比如有人喜欢热闹，那么失恋后叫上很多朋友去 KTV 唱歌是对他有好处的事。但你未必喜欢人多的场合，可能日常只喜欢三两好友小聚，强迫自己去参加社交派对未必能带给你积极的情绪，那么这样的事你就不要勉强自己去做。同样，你也能知道哪些事你不要去做，就是所有那些并不能在正确的方向上帮你进行情绪疏解和认知重建的事。

凭借这个规则，我们就能一起制订出“失恋后行动指南”。

失恋后行动指南

你可以发泄情绪

哭，拼命哭，哭到在地上打滚，哭到再也哭不动都没有关系。只要你心里觉得怨恨，你就可以骂，把你所有的委屈、能想到的他的不好都骂出来、写下来。

这些情绪发泄的种种行为都是有利的。你没有试着去阻止、消灭气势汹汹的情绪风暴，相反你顺着情绪完成了疏导，那么情绪迟早就会像潮水一样离开。你能在发泄以后感到轻松。不要对发泄情绪设置时间段，你不用要求自己在多长时间内必须走出失恋；这个时限要求并不属于我们刚刚制订的标准。

但请不要在前任面前发泄这些情绪。因为已经决定不再爱的人，即便是对你讲出一句关怀的话，可能也需要和自己周旋很久，所以他并不会再如你所愿地以恋人的身份来承担你的情绪，他的反应反而会伤害你的情绪。

你可以忘不了他，你也可以反复谈论逝去的爱情

可能因为鲁迅将“祥林嫂”的人物塑造得过于生动，我们自动会认为反复抱怨自己的伤心处是一件糟糕的事，这样的行为还常被形容成“自怨自艾”“无病呻吟”“顾影自怜”。但通过第二章的内容我们已经知道了，反复谈论已经逝去的爱情在心理学中叫反刍。这个行为是走出创伤、获得成长的必经通路，对你认知的建立非常有价值。

比起失恋后当作什么也没有发生、绝口不提的人，你的复原反而会更彻底，而前者很可能会带着隐伤在之后漫长的人生里持续忍受痛苦。所以你可以大吐苦水，可以抱怨对方的冷漠、无情、过分、可耻……这些行为你完全可以不带任何顾虑地去做。

只是有一点需要提醒：如果没有足够的交往和情感积累，大多数人并不愿意承受他人的负面情绪。所以如果你反复向身边一个感情并不深厚的人诉苦，很有可能会在一段时间以后被人敷衍对待，这时你又不得不承受另外的伤害。所以更好的反刍建议是通过书写、网络发帖的方式进行回忆和反思，或者圈定几个朋友，轮流和他们诉说、沟通。

你可以不原谅也可以不祝福对方

你一定听到很多劝你放下、劝你用爱战胜恨的话，甚至有人可能会拿出宗教的话术告诉你，任何相遇的人注定都是冤亲债主，这一次是你还了他的前生亏欠。但刚刚经历失恋的你是地震的幸存者，你惊魂未定，还带着伤口，这时候你应该关心的就是你自己，你要做的是让自己好受一些。至于地震为什么会发生，建筑物为什么会塌，这究竟是怪不得谁的天灾，还是暗藏人祸，你不用立刻去想。

感到痛了，想要哭、想要嚎，你就去哭、就去嚎；凭直觉觉得有人祸害你，就依自己的直觉让反刍自动发生，不用去控制它。因为只要你给予情绪和思绪以耐心，最终你会为这段感情找到自洽、更接近事实的解释。

如果对方并不带恶意，只是确实敌不过自己的软弱和欲望，当你痊愈并拥有了看透这一切的新认知以后，你会自动对他心生慈悲——这个生命过客教会了你认清人性的复杂与幽微，无情与深情，叵测与单纯，虚荣与真诚。只不过他还毫无察觉，依着本能在自己的命运轨道里沉浮。

但如果对方确实在进入关系初始就心怀鬼胎，对你的钱财、身体造成了实际的损失和伤害，那么除了庆幸自己的“虎口脱险”，你确实不需要逼自己去原谅和祝福。因为以爱之名并不是不分对错的借口，轻易原谅就是降低了恶人未来作恶的成本。一开始就带着恶意和阴暗目的的关系不再是恋爱与分手的命题，你的不原谅才能让对方直视他行为的后果——

他是个骗子，骗术已经被发现了。对于一段被欺骗的失败感情，只有戳穿本质才可能产生新的认知，不然你在对方心里永远是那个被骗的傻子，在你自己心里也是。

你可以视监对方的社交动态

实际上就算我告诉你，不可以视监，你也不可能忍得住，你最多坚持几天，然后又会全线崩溃，觉得自己连这么一点事都做不到，根本不可能走出失恋。所以不用逼自己去做大概率会失败的事，否则只会给你带来不好的情绪，并强化你脑中本就强烈的自我厌弃的认知，恶性的认知循环随即而来。

按照我们已经梳理的行为规则：如果你确实对前任的近况不感兴趣，你不用去看；但如果你有冲动忍不住，那就去看，没有关系。但有一个额外的行动要求是，你必须做一个书写练习。不管看了多长时间，刷了多少个平台账号，只要你去视监他了，你就要写一篇 1000 字以上的文字，记录你在查看他动态时所有的情绪和感受。

无论你是发现他有了新欢，五雷轰顶、恶心、愤怒，发现自己已经被拉进黑名单，手足无措、绝望、恐慌，还是发现他深夜在打游戏，你暗喜，揣测分手后的他是不是也孤独无趣……这些情况和感受都可以，不用自己去筛选，你要做的就是真实地记录。

这个方法会帮你做到情绪发泄和反刍，同时因为视监而必然伴随不那么让人喜欢的写作要求，你会不自觉地降低视监对方的欲望。这样，从视监到不再视监的过程是温和自然的，不需要死熬，因此也不会伤害你内心的自我评价。

你可以有反复

反复是必然的，只要原有的错误认知还在，负面情绪就会在，就算你暂时用一些方法驱赶了它，但是和潮水一样，它退潮以后还会归来。认知修正也不会消灭掉情绪，只不过它会带你去一个安全的新海滩，那里没有暴风雨，没有摧毁万物的滔天巨浪。情绪会回归到它原有的位置——情绪是我们行动的信号。所以失恋后，可能某一个白天你在健身房里挥洒汗水时，觉得生活依然美好；但是几个小时后夜幕降临，当你面对空荡荡的卧室，你的心又被魑魅魍魉攥着往下坠。那些励志、安慰的美文你可能已经默念了无数遍：时光走笔，岁月成章；不念过去，不畏将来；一花一世界，一叶一菩提……但是等到第二天太阳升起你醒来又一次发现，你再怎么折腾也于事无补，什么都没有改变，痛苦、悲愤、孤独、思念全都回来了。

这些都是正常的。你的认知是逐渐打破、逐渐重建的，情绪也一样，从激烈到平静一定是蜿蜒曲折的。那些看起来疗愈得很好的人，和你的不同不过是所需要的时间长短不同，但你正在经历的反复他们也不曾落下。

请相信我，需要更长时间不是什么坏事。情绪痛苦的漫长过程说明你在认真重建，你的认知在不断思考、理解恋爱的考题，不断推翻、改写自己的答案。你没有从地震现场火速逃离，所以你没有快速草率地得到一个答案——“对方就是个混蛋，我没有任何错”。反而如果你这么做了，你可能暂时会觉得轻松和舒服，但这种轻松只不过是为了日后再一次经历相同的心理地震埋下的伏笔罢了。除非你愿意接受慢熬的时间，否则你就会一次次、反反复复因为相同的认知错误而在恋爱里反复撞墙，甚至会错过许多值得珍惜的良人。

你可以做任何自己喜欢的事

喜欢的事没有高下区别，学习、运动、旅行、做家务并不一定比睡觉、吃炸鸡、宅家看电影更好。唯一的标准是你自己是不是真的喜欢。

请记住，标准是喜欢，而不是“想要做”。你很可能“想要”去找他，求他不要分手，但这并不是你喜欢做的事。请真诚地问自己，那个卑微恳请、没有爱活不下去的人，真的是你喜欢的自己吗？不要欺骗自己，真诚地回答这个问题。如果不是自己喜欢的，那就不要去做。

换成自己喜欢的事，什么都可以。如果日常就喜欢喝酒，那就可以借酒消愁、缓解苦痛；如果日常不喜欢喝酒，就不要去买醉，做自己喜欢的事，打游戏、换发型、买新衣服、蹦极跳伞……

你不该做的

所有能给你的情绪和认知带来好处的事情都是可行的，而不该去做的事标准也一样，就是那些会加重你的负面情绪和错误认知的行为。

按照这个标准，我们同样可以总结出“失恋后四大禁止行为”，你应该避免：

1. 一切会让你觉得自己廉价的行为

他人拒绝等同于针对自我的一次攻击，每个人的自我有强弱区别，武力值满分的人可以完全屏蔽外界攻击，毫发无伤；但走不出失恋的你，原有自我在他的拒绝中受了重伤。这个时候你最不该做的就是继续去作践自我，给已经奄奄一息的自我再补上一刀。

用苦苦哀求、试图通过身体挽回对方、放弃自己的原则接受对方出轨等来避免分手等行为背后的驱动力是恐惧情绪：害怕不去联系，对方就不会爱自己了；恐惧对方离开后，自己再也不会被爱。这些行为背后的恐惧、害怕、想要逃避的意愿，在心理学上叫作“回避动机”，区别于因为积极的目的而想要做某件事的“趋近动机”。

情绪神经科学已经证明，“回避动机”与大脑当中负责消极情绪的右侧额叶皮层的激活增加相关。也就是说，即便你不知道心理学中接纳情绪的方法和技术，即便你什么都不做，突如其来的悲伤情绪也只需要几小时就能从激烈到无法忍受回归到可接受的范畴。可是，一旦出于“回避动机”，你采取了错误的应对行动，情绪问题就会恶化。因为这些行动不仅不能解决恐慌，反而会迅速给你带来新的自我厌弃的情绪，而且还会潜移默化地恶化你的自我评价。你的恐慌只会因此加剧——毕竟除了他，谁还会爱那个“廉价”的你呢？

2. 一切会让你遭到情绪伤害的行为

第一项禁止行为是避免自我攻击，第二项针对的是他人对你的伤害。刚刚劫后余生、虚弱不堪的你需要暂时待在一个安全的地方，不要直接暴露在外界的危险下。这个阶段的社交隔离是必然且正确的，隔离的是所有会在情绪上给你带来伤害的人。

隔离名单里排在首位的就是你的前任。你的自我已经碎了，情绪是疯的，认知是乱的，理性已经下线了，这样的你不可能对他的行动进行客观正确的解读，所有解读只可能是情绪肆虐的产物：如果你的情绪是渴求复合的，从他的任何行动里你都能找到余情未了的蛛丝马迹；如果你的情绪是焦虑他已经有了新欢，你也能从他的一举一动里找到第三者的影子。这时候的接触对你只可能是折磨和更恶劣情绪的催化剂。

更大的风险是，你的认知里还没有接受失恋，你以为你们只是暂时遇到困难的恋人；但是在对方心里，你们已经是陌生人了。他对你付出的一切超过陌生人标准的时间、精力、耐心、温柔都是“馈赠”。你们的互动必然存在巨大的矛盾，你对他回应的期待一定会落空。他每一句话的措辞、每一个微表情你都能解读出，实际上也极有可能确确实实带着嫌弃和冷漠，这些都会滋生出你内心汹涌堆积的负面情绪。

不要信什么分手以后还能做朋友，做朋友也请等你疗愈好以后。但大概率等你独自承受了所有的害怕、彷徨，一个人穿过黑暗的荆棘林之后，你就真的不会再想和那个把自己丢在阴冷荒地的人分享任何人生交集。所以如果不是同事、不是同学，就暂时避免接触。如果实在忍不住要去视监对方，请参考“失恋后行动指南”的建议。

隔离名单里排在后面的是其他潜在的情绪伤害源。比如，若你有黑暗的原生家庭，那么在你应对失恋的时候也尽量避免和父母的沟通。现在的你没有能力，也不需要去承担他人有意或无意的忽视和索取，你是病人，先让自己静静休养。

3. 做重大人生决定

困守失恋是一段时期内情绪压过理性的一种状态，所以这个时候你对于很多事的判断都带有情绪浓烈的印迹。比如因为失恋很痛苦，于是每天去上班显得更痛苦，你会无比真切地想要辞职；比如考某个大学是你们共同的约定，现在他选择离开，你觉得这个目标不再有意义，决心放弃。

但是请记住，这时候你的所有感受、冲动背后都是情绪，没有给理性留出位置。想要辞职的你，并没有来得及考虑辞职后收入来源的安排；决定放弃学习目标的你，也没有考虑好这个目标中除了他的因素还有多少是自己的梦想。在理性缺位的情况下进行重大人生决定，出错的概率是巨大的，后悔会在后续的人生岁月里持续伤害你。

所以，这时候在做牵涉到学业、事业等重大事项的决定时，请务必引入他人的理性。你可以求助长辈、老师或者职场的前辈，让他们来帮你判断风险和收益。

4. 一切逃避反刍的行为

有一类人看起来是潇洒走出失恋的杰出代表。不管是他们自己还是别人提出的分手，他们都能通过一夜情、找新欢等方式迅速走出来。如果问缘由，他们的台词永远都是围绕着“爱算什么”“我不是真的需要爱”“谁也不是真的爱我”等。但是这种所谓的洒脱实质只是回避，用肉欲感官的强烈刺激麻痹情绪、回避反刍。可是这样的回避能逃多久呢?

这样的应对就相当于一个癌症病人躺在手术室，但是拒绝治疗，只让医生给自己注射全身麻药。进入昏迷以后确实没有痛觉，甚至还能梦到不少快乐往事。可是等到麻药效力散去，当他一个人孤零零躺在冰冷的手术台上，四周寂静，无人陪伴，痛感猛扑，他再也骗不了自己，他清醒地知道自己早就病了，这次拖不下去了。

心理学有两个概念来解释这种虚假的“走出失恋”的行为表现：一个是“反弹关系”，另一个是“恋爱成瘾”。

“反弹关系”，指的是一段恋爱关系以失败宣告结束后，人们会倾向于立刻开始下一段新的感情来减轻自己的痛苦。因为新的关系可以短时间内帮人们分散注意力、缓解痛苦和悲伤。如果一个人恋爱经历非常丰富，从来没有任何空窗期，那就不仅仅是“反弹关系”可以解释的，更可能是“恋爱成瘾”。其背后是巨大的情感缺失，内心的伤口已经大如黑洞，根本不是靠自己就能治愈的，只能马不停蹄地用一个又一个新人、一段又一段新感情去填补。但不管是哪一种解释，定义里都有如影随形的伤痛。这样的人并不是“走出失恋”的好榜样，他们的痛苦未必比你少，而且因为错误的应对方法，他们的痛苦反而会以隐伤的形式更执着、长久地纠缠他们。

面对痛苦，我们总是习惯性拒绝。可是越去镇压，越想去逃避，越想去刻意无视，痛苦只会来得更猛。这是人的心理规律。

所以，“禁止行为”是为你划出一片安全的区域，“行动指南”是要告诉你，在安全的区域里接纳痛苦，不要压抑，不要控制，想要哭诉、想要回忆、想要抱怨、想要发泄，都可以。这才是面对失恋的正确应对习惯。

多巴胺陷阱

如果去问失恋者，失恋后不该做什么，禁止行为清单中的前两项一定是被提及最多的。他们一定都知道分手后再去贸然联系前任不会有任何好的结果，但他们控制不了自己。失恋者身上更常见的一个现象是，忍不住联系了前任，被对方冷漠拒绝甚至粗暴对待以后，在羞愧和绝望中发誓永不再联系。

大家很容易想到的逻辑是，既然上一次联系并没有得到好的结果，那么以后再去联系对方的意愿应该会降低。就像我们网购，如果第一次在那家店铺没有买到满意的商品，那肯定不会愿意再继续光顾。可是，许多失恋者偏偏相反，他们在遭遇挫败后，反而会变本加厉地去找寻对方，想要见到对方的欲望变得愈发强烈。而这种不合逻辑的行为的元凶就是多巴胺。

多巴胺是一种神经传导物质，主要负责大脑当中感觉、欲望、快乐等信息的传递，形成大脑天然的奖赏机制。当大脑分泌多巴胺时，我们感到愉悦和幸福。所以为什么热恋那么令人着迷，相爱中的两个人什么都不用做，单单注视对方都会觉得满心欢喜？因为两个人大脑中的奖赏通路被激活了！不仅是多巴胺的分泌在飙升，爱情还会让我们的身体分泌皮质醇、内啡肽、五羟色胺、后叶催产素等其他各种让我们感到快乐和舒适的神经递质和激素。

那失恋以后发生了什么？爱情突然停止，多巴胺还有其他神经递质和激素水平的骤降让大脑奖赏通路不再有效。于是，失恋者情绪低落、快感消失，对所有事情都提不起精神，他们唯一的念头就是找回曾经狂飙突进的多巴胺。这就是失恋者和吸毒者相似的戒断反应和心理渴求。正如吸毒与戒毒，相爱时“虽千万人，吾往矣”，分手后却溃不成军。正是多巴胺操纵着人们的极乐和极悲。

如果失恋者不知道应对戒断的正确方式，就会在无意识中成为多巴胺的奴隶，任何能让大脑重新分泌多巴胺的行为他们都愿意去做。所以，他们会想方设法和曾经的恋人保持联系，这样就能让大脑以为自己还在亲密关系中。

但是联系前任之后明明是失望和失落，为什么有些失恋者还会继续执着地去联系呢？因为人脑当中快乐中枢和痛苦中枢是靠得很近的邻居，而大脑会像一个公正的法官那样对待它们。斯坦福大学精神病学家安娜·莱姆克 (Anna Lembke) 在《多巴胺国度》里用“天平”来比喻大脑的平衡机制。当多巴胺释放多了，天平向快乐倾斜时，大脑希望天平保持平衡，就会自动往痛苦的方向加筹码。所以我们能在日常生活中观察到喜极而泣、悲喜交加的情绪表现。同样，如果是痛苦那一边先增加了筹码，大脑就会开始释放多巴胺，来让天平保持平衡。这就是为什么像洗冷水澡等轻微的刺痛感会提升我们的多巴胺水平。

所以很多失恋者为了维持原有的多巴胺水平，首先想到的就是继续和曾经的爱人保持联系，这样可以骗过大脑延续恋爱时的快乐；就算被拒绝，也会因为大脑的平衡机制，让他们感受到“令人愉悦的痛苦”——在深夜的街头狂奔，在雨中痛哭等候，不顾安全地飙车，被羞辱、被拒绝、被冷落。这些凄惨经历让他们同时感觉到自己还活着，自己的生活是有崇高爱情意义的，甚至他们会在这些看似自虐的行为里体验到对曾经的爱人更强烈的生理欲望。

这就是多巴胺的陷阱。由于它的存在，很多失恋者失去了对自己行动的思考和判断力，只能在戒断反应的驱动下本能地行动。其实就算我们什么都不去做，只要给时间以耐心，我们大脑自有的机制也会默默地让失恋的痛苦回归平衡。只有当我们仓皇失措地用错误的方式去追求多巴胺的刺激时，悲伤、绝望、自我厌弃等负面情绪才会长期地留在天平上。

自我对话

那要如何避免错误的行动？ 当痛苦情绪袭来的时候，你会被无数个冲动的念头包围，很难求助于理性。就算依靠意志力，粗暴地命令自己不去做，也只能勉强撑一时半刻。因为意志力是消耗品，你忍住一次没有去联系对方，等意志力枯竭以后，可能就再也忍不住了。

这个时候正确的做法是“推迟行动”，不是说服自己不去做，而是给自己一天的时间去决定。用这一天的时间，你可以利用大脑的平衡机制来自动消除当下似乎无法忍受的痛苦；你也可以先从“行动指南”里选择想要做的事，从这些事里获得健康的多巴胺；你还可以通过“自我对话”的方式让理性回归。

在你做决定的这一天里，把自己想象成自己最好的朋友，来与自己对话，一起去判断当下想要去做的事是不是真的对自己有利。比如，很多女生在分手后忍不住想要联系前任，这时候你再劝自己爱是克制、不要再去打扰对方等也未必有用。正确的做法是，顺着想要联系前任的念头，试想把所有能想到的联系他的行为都做完，看故事会如何发展。如果故事的发展并不如意，那是不是有其他方法能实现自己的爱情目标。

不用直接劝服自己不去做，而是顺着情绪的冲动，去推测遵此行动的后续故事。当你开始推测时，理性就会逐步现身。

我曾经以这个模式写过一篇问答，帮助许多女生打消了去联系前任、哀求他改变分手决意的念头。你可以将之作为自我对话的参考：

分手后还是忍不住想联系前任怎么办?

去吧！大胆地去呀。不仅要联系，下面这些方法你还要逐一来一遍：

1. 每天给他发不少于 10 条长微信，每条字数不少于 500 字。其中至少 3 条要仔细回忆你们在一起的甜蜜细节；至少 3 条是反思自己的错误，并向对方保证你一定会改；剩下 4 条要详述你现在所遭受的痛苦——天天哭、失眠、暴瘦、想自杀，配合图片效果更佳。

2. 一想念他，一难过，就语音他、电话他。只有他的声音才能安慰你，所以只要他不挂电话，你绝对不挂，要坚持说。说什么内容？请参考第一条的内容。

3. 你得去见他，看到他了，你才能放心他过得好，他也想你。学校、公司、家门口，该堵就要堵，深夜出现更能突显你为爱痴狂的诚意。记得要蓬头垢面，悲伤逆流成河，最好妆花成鬼。什么？你们异地恋？打飞机去，距离算什么啊？异国恋都要去堵的，签证、机票都办起来。

4. 前任的亲朋好友都联系起来，你需要战友，要共同说服他。他们一定得知道你才是全世界最爱他的人。不要你的男人肯定心理、脑子都有问题，需要亲朋好友一起去唤醒、去拯救他。

5. 恐怕他有了新欢？一定要对他们的一举一动洞若观火，出手当然要出其不意。你要 24 小时不间断，时刻关注两个人所有社交账号，一定要留痕迹，去大号大度祝福，去小号谩骂。让人琢磨不透的女人最有魅力了。

你一定要去联系前任，并反复循环操练 1~5 步骤。你相信我，最多三次循环，你前任绝对后悔，你会成为他一辈子难忘的女人——“当初我为什么招惹了这个神经病！”

所以请放心大胆地去联系吧！联系就两种下场——

第一种，你去哭着、求着脱衣送上门，对方要是正好没对象又心软，不睡白不睡。你从女朋友、前女朋友降为炮友，还不是长期的，而是基本没啥回床率的那种。“贤者时间”一到，他只想一脚把你踹出房门，一有新欢就希望你原地滚蛋。这就是你要的？这是真爱？求人睡你？你 70 岁老太婆了，要这样求？你索性开个价吧，赚点还还“花呗”吧。

第二种，对方送你闭门羹或冷脸。如果你联系得还算收敛，最多就是自讨没趣；如果你死缠烂打，那基本就是自取其辱，从恶语伤人到拉黑、删除一条龙你都能领到。

但这绝不是你想要的。你要的翻盘，只有一条路：憋着忍住，再苦再痛咬碎牙就着血咽下去，从心里、脑子里完全放下，这个男人你不要了。你不要他了，才有可能和他再战一场。

挽回根本就是伪命题。“挽回”这两个字说出来了，你就是弱者。凭什么伤害过你的人还能再次拥有你？还要你来挽回？你的眼泪、你的心痛、你的真心不值钱的啊？没让他赔已经算你善良且大度了，你还要挽回？且不值钱的弱者又有什么资格得偿所愿？

你真要前任死皮赖脸回头求你复合，秘诀就一个：比他更心狠。

感情就是力量博弈。被男人真心深爱过，但因为他自己的一些原因最终错过的女人，是迟早的赢家。这段感情我不要了，这个男人我看错了，既然我的真心你不要，那就全部收回。一旦这个气场开了，逆转就出现了。剩下的就是时间问题。但是你根本不会在意，因为你已经知道答案了：对方肯定后悔。至于他是否当面告诉你又有什么关系呢？你根本不再需要他，他后悔、他寂寞、他幸福、他快乐，和你又有什么关系呢？

他已经彻彻底底失去你了。懂了吗？

这才是“断联”的本质，根本不是你每天哭着数日子——他离开多久了。

所以憋不住、受不了，非要联系，那必输。既然都没戏了，不如放肆畅快一下，去联系。

心理学里没有“挽回”

当痛苦袭来时，与其用“自我对话”等方式去直面，不如——很多失恋的人会想到一个的“捷径”——直接挽回他，这样爱情得到拯救，失恋的痛苦也自动消失了。于是，她们通过各种渠道，找到看似专业的情感挽回机构。每一家挽回机构又都号称自己秉持的是最专业的心理学原理和挽回技术，让失恋的女生变得更好，重新唤醒前任对她们的爱。

让求助者有能力“变得更好”这四个字是所有心理咨询机构的终极目标。虽然挽回机构的教材里充斥着精神分析、认知心理学、人本主义、行为主义等心理学专业术语，但为什么没有任何一个被提及的心理学派对“情感挽回”进行过系统的研究和阐述呢?

因为“情感挽回”违背了心理学关于人性和亲密关系的基本认定。

所有的挽回机构都宣传会帮助失恋的女生“变得更好”，由此来拯救爱情。可是从你定下挽回决心的那一刻起，你就不是在变成更好的自己，而是努力变成“他更喜欢的”那个人。在情感导师的要求下，你不断在朋友圈发布那些积极生活的内容，让前任知道你在“变得更独立、更懂事”。但请真诚地面对自己，然后回答一个问题：失恋以后，忍住伤心，在健身房挥汗如雨，在图书馆埋头读书的人真的是你吗？

这个人并不是你，这个人甚至不是“人类”，“他”根本没有七情六欲。创伤后的“他”不需要任何情绪平复和反思的时间就能直接快进到“成长与成熟”，而“他”不过是你在挽回机构误导下想象出来的前任会喜欢的样子。是的，虽然挽回机构会用各种专业术语试图告诉你，只要你变好了，就能重新吸引那个你想要挽回的他，可真相是，你所努力假扮的“他”甚至不是你曾经的爱人所喜欢的。你可以回忆一下，你们当初相爱的时候，你是因为强忍伤痛、积极生活的样子才赢得他的心吗？

我们用穷举法来列出你和前任分手的所有可能情况，从中你就能发现所谓量身定制的专业挽回服务，在源头上就存在着的巨大的逻辑谬误：

第一种情况：他对分手承担百分之百的责任，比如他并没有认真投入，也没有做好在相处中付出和妥协的准备。

那么无论你如何提升自己，这些提升都不会转移到他身上。这种情况下的挽回，唯一可能的是你无底线地迎合，接受他的不真诚和不付出。让我们扪心自问，这真的是“情感”挽回，还是女德研习社？挽回来的关系真的是你理想中的爱情吗？

第二种情况：你对分手承担百分之百的责任，比如你太作了，你不在意他的感受，你做了违背感情契约的事。

一般情况下，失恋者所认为的“一切都是自己的错”只是感受，而不是现实。出于绝望，认为如果自己全盘承认错误就有让对方心软的机会；或者因为分手方再无意愿去客观审视消逝的感情，选择简单粗暴地推卸责任。

不过，即便对方在这段感情中的表现真的无可指摘，错的都是你，你该做的也只是真诚地道歉，然后了解他对亲密关系的期待，并告诉对方你希望有机会来满足他这些期待。这是你该做的，也是你唯一可以去做的事。而后续的走向由他凭“自由意志”来决定，不管这个决定是否如你所愿，你都应该接受，而不是再继续试图挽回。唯有这样，游戏才有可能重开一局，而不是陷入一个不可能通关的死局：不在意对方感受——导致分手——不尊重他的决定——希望你的不尊重能帮你实现挽回。

第三种情况：你们两个都背负部分原因，比如对爱情的需求不同，生活习惯不匹配，性格不合。

这才是绝大多数分手背后的真实原因。这时候爱情的继续需要的是两个人都看到问题症结，然后共同努力，所以心理咨询中有针对家庭、两性关系的咨询。这些咨询都需要关系当中所有成员的参与和配合才能见效，绝对不是某一方单独的“提升”。

一家在某网站推广投入很大的挽回机构曾用艾森克人格问卷（简称 EPQ）作为宣传语："通过艾森克人格问卷，解析你前任的人格特质，专业心理学老师一对一指导挽回策略。" 对于没有接受过规范学术训练的，尤其是正在经历压倒理性的绝望情绪的失恋者，这样的宣传有足够的说服力让他相信，情感导师让他发的每一条微信、每一条朋友圈的图文，都能击中前任的审美点。

可是根据人格心理学的理论，人格特征跟生理特点相联系，具有基因层面的来源，此外人格形成主要还是跟儿童—青少年时期的成长环境有关，而成年后的人格特征基本上不再有显著发展。正因为如此，心理学界才会有艾森克人格问卷等工具，来对我们的人格进行测试和分析。

曾经的爱人在相处中发现了无法解决的矛盾，恰好说明了两个人的人格并不适合长期的关系。那么就算挽回机构的情感导师天赋过人，隔空就能判断出一方完整的人格信息，他也不可能在短期内用所谓心理学技巧把两个不合适的人重新拉在一起。

对于很多人来说，失恋可能是人生中遇到的第一次失败。因为毫无经验和准备，他们急需帮助却不知道如何判断真伪，挽回机构就此乘虚而入，从别人失去爱情的痛苦中找到了敛财契机。这些年警方已经公布了许多"情感挽回"诈骗案件的侦破信息。希望这一节的内容可以保护你，在情感受伤的时候，不再遭受金钱的损失。

请相信，最好的情感导师和疗愈师是你自己，还有时间。

感情结束了，就算你紧攥不放要活在失恋里，时间还是不为所动地继续向前。你要做的只是在新的时间里继续生活，保持对这世界一切美好的感知和体验。很快你就会发现，时间已经默默地为你治愈了过去的伤害，还打造出了一个更出色的你。

绅女的心理课堂

这一章节内容的理论支撑是行为主义学派的基本观点。心理治疗技术的暴露疗法、学校教育和企业管理当中常见的奖惩制度以及恶名远扬的网瘾电击疗法，其背后的理论根源都是出自行为主义学派。

行为主义学派诞生于20世纪初，缘于当时美国的一群年轻心理学家反对此前心理学派对意识的研究，认为意识在人脑当中看不见也摸不到。因此他们主张研究行为，认为行为是人的意识所反映出来的可以被观察和测量的客观对象。同一时期俄国心理学家巴普洛夫提出了著名的“条件反射”理论，他每次在给狗喂食的时候都摇铃，这样过了一段时间，狗只要听见铃声，即便没有被喂食，也会分泌唾液。于是，早期行为主义心理学家就基于“条件反射”的实验，提出了“刺激－反应”公式，并用这个公式来解释人类的行为。他们相信只要能发现刺激与反应之间的规律性联系，就能通过刺激预测或者控制人的行为，也能通过行为反应推导出刺激。

因此，行为主义学派创始人约翰·华生有一个著名的断言：只要给他一打健康的婴儿，不用考虑婴儿们的天赋、能力、祖先种族和职业，他就可以按照他的意愿把婴儿们训练成医生、律师、企业家甚至乞丐或强盗等任何一种类型的人。

但是“刺激－反应”公式却不能解释为什么人类可以逐渐适应环境，也不能解释为什么在相同刺激下人还能对行动做出选择。于是到了20世纪30年代以后，以斯金纳为首的心理学者们对华生的观点提出了修正，他们认为除了对环境中已知的刺激做出反应外，个体也会主动地去操作环境，就像斯金纳箱实验中的老鼠发现压一次杠杆就会得到食物，那即便没有外界刺激，老鼠也会反复去压杠杆。斯金纳把老鼠的这种行为命名为“操作性条件反射”。

从斯金纳的研究里，我们能发现，行为的结果实际上成了行为的刺激。这一章节的“禁止行为”就是为了帮你避开“刺激－反应”的恶性循环。

5

第五章

为什么你走不出失恋?

我本可以容忍黑暗，如果我不曾见过太阳。
然而阳光已使我的荒凉，成为更新的荒凉。

——狄金森

激情退去，爱就消失；爱着爱着就突然不爱了；他说变心就变心了……说到分手，很多人会如此解释。可是爱并不会突然消失，人心也不会瞬间变化，真相是那些所谓的“爱”从开始就存在问题。

一名女生的真实经历：她在社交 APP 上认识了一名男性，聊了几周后，两人在线上确定了恋爱关系；随后有了线下第一次正式见面，见面当晚在对方的要求下，两人发生了关系；自此之后，对方就从热情变冷淡，微信和社交 APP 上也不再主动联系女生。女生感到无比委屈和痛苦，在后面的一个多月里都在联系男方，每天发十几条消息试图和他沟通，恳求他不要欺骗也不要伤害自己。因为得不到回应，她从网络上找到了男方的工作单位和毕业学院的信息，找到了他的同事、同学等人的联系方式，请求他们帮着联系对方。但即便如此，男方依然拒绝和她联系，于是她决定用“自杀”逼出对方和自己见面。她把割腕的伤口照片发给了自己和男方的好友们，依靠这个极端的做法，她在医院接受救治的时候收到了男方的回复。和她所期待的不同，对方指责她“举止行为都极度令人不快”。这条消息让虚弱的她如坠冰窖。

出院以后，她继续在网络上跟踪这名男性，才发现他早已结婚，从一开始就欺骗了她。发现真相的当天晚上，她又一次乞求对方和自己语音、视频通话，告诉对方自己每一天都因为他而憔悴、哭泣、夜夜失眠。“我只想沟通一次，我也想放下。”她在微信里向男方哀诉。

我们都能确定案例里的男性是人品恶劣的渣男，他隐瞒已婚身份在社交 APP 上交友，以恋爱的名义和女生见面，在性欲得到满足后就不再联系对方。这一认定并不存在“当局者迷，旁观者清”的情况，女生也清楚地掌握了所有信息和证据。

任何人，遭到欺骗和利用后都一定会感到气愤，而且会根据自己的个性、能力以及社会资源采取不同的应对方式：有的人会选择报复，找到对方的亲朋好友或者工作单位揭露他的行径；有的人会用谩骂的方式向对方发泄怒火；还有的人不想继续在错的人身上浪费时间，他会默默咽下这次教训，提醒自己下次不再犯。不管哪一种，背后都是清晰流畅的认知链条：对方是个烂人，我绝不原谅；或者，我不想继续浪费时间在烂人身上。

但例子中的女生却有一个诡异的认知链条：“对方是个

烂人，如果他和我沟通，我便可以放下。”诡异之处在于，影响她情绪和行为的关键点并不是男方自身人品的好与坏，而是男方是否有和她进行沟通。至于为什么需要和对方沟通，女生这样解释：“要保护自己卑微的自尊心，希望对方给个解释，说句对不起，认个错，我就会走出来。”也就是说，在这样一个非常典型甚至极端的情感欺骗案例里，这名女生自己依然无法确定对方是感情失败的责任人，必须听到对方亲口承认才能缓解失恋对自尊的伤害。

她认为自己是一个没有魅力、不值得爱的人，所以在她的认知里，发生关系后男方不再联系自己的行为证实了她没有魅力，甚至付出身体都没能得到爱。这种自我攻击才是她情绪痛苦的根源。所以她希望男方可以拯救她，帮助她去消除自己没有魅力的猜测。但是她联系不上男方，她找不到外援，男方的拒绝回应逼着她一个人独自去承受凶猛的自我攻击：“我真差劲！我太廉价！我不值得被认真对待！”这些错误的认知无时无刻不在催生剧烈的负面情绪折磨着她，阻止她开始正常生活。

她之所以长期走不出这段虚假的恋爱关系，原因就在于她所诉说的“卑微的自尊心”。也正是“卑微的自尊心”，让她成为男方恋爱骗局的落网者。

当男方提出见面，她的第一反应是担心自己长相丑陋。

对方只用了简单的一句回复“你是没有自信”，就让她心花怒放地期待见面。第一次见面的约会没有任何一个环节包含她的意愿，全程都是由男方来安排、来主导。对于这一切，她没有质疑，反而全都理解为对方爱她才会有的冲动。当男方要求见面当天就发生关系，虽然她内心并不接受这样的行为，但因为男方一句略带愠怒的抱怨，她就动摇了，选择迎合对方。

她无限憧憬着突然降临的爱情，反复告诫自己：“一定要开开心心地谈一次恋爱，好好和对方相处，考虑对方的感受，不能任性。”实际上，除了对方的名字和职业，其他信息她一概不知。她“爱”的并不是现实世界的那名网友，而是自己想象出来的一名男性。这名男性觉得她是美丽的、温柔的，这名男性会用爱来治愈自己的自卑、自己的不安。

对她而言，恋爱是一场拯救。未曾怀抱希望，却惊喜迎来救世主的短暂降临；可是他突然间又绝情地离去，留她一人面对那个晦暗且惹人生厌的自己。

“我本可以容忍黑暗，如果我不曾见过太阳。然而阳光已使我的荒凉，成为更新的荒凉。”狄金森的诗是她唱给自己的挽歌。

苦恋的真相

例子中的女生，并没有对恋爱对象的筛选标准，也没有自己的原则和底线。她在找的是一个可以缓解她内心自卑的人，只要能满足这一点，就认定对方是理想的爱人。

这名女生把自己内心的需求体验成外在世界，心理学将这种投射称为“外化”。所有的苦恋背后都存在“心理外化”。

不管持有什么样的爱情、婚姻观，我们都希望遇到一个对的人，一起努力，共同成长，相爱相守。理性的人懂得如何用目标来反推自己的行为。如果我们是理性的，那么在筛选恋爱对象的时候，就会有一个清晰的目标，并不会爱上违背自己爱情标准的人。比如渴望婚姻的女生，不会爱上已婚人士；比如重视忠诚的人，不会接受出轨。即便一时轻信或者判断失误，发现恋爱对象不适合自己或者感情谈得非常辛苦的时候，也会及时止损，重新开始新的关系。

但现实里，很多人根本做不到这两点。更多时候连身边的朋友都已经察觉到了恋爱对象的问题，但是他们依然不管不顾，一头栽进去，甚至会找各种理由来说服、感动自己。比如，门当户对是婚姻，不般配的才是爱情。

因为外化让他们偏离真相，无法对人和事做出准确的判断。

虽然他们决然地与全世界为敌去爱一个人，但这种爱情大概率会走向破裂。苦恋的人总是把失败解释为“深情注定被辜负”“付出多的往往不被珍惜”，却看不到爱情无法圆满的真实原因是心理外化。他们在爱情里求的根本不是一个值得信任、值得尊敬、值得付出的爱人，他们不过是寄望于爱情来“虚假解决”自己内心的伤。他们的心一直在隐隐作痛，恋爱能帮他们短效止痛，但短效止痛药不可能根治长久的伤痕。

被辜负的真诚

失恋者总是哀叹“真诚换不了真心”，却不曾想过如果真诚是美好的东西，就不能轻易地去交换。俗话中的“交浅不言深”便是对真诚最基本的保护，对于不熟悉、并不了解的人，不随随便便交付真诚。

不交付真诚并不等于不真诚，只是不做过度的自我暴露。就像我们有一件家传的宝物，我们并不需要拿一个赝品来欺骗他人，只是不需要到处声张自己有件宝物。可是真诚总被辜负的人，往往也是最轻易会向陌生人暴露自己的人。因为他们忍不住暴露的是自己那颗受伤的、隐隐作痛的心。他们无法治愈自己的伤口，希望通过“真诚”就能遇见神医。

可惜的是，疼痛霸占了他们的注意力，他们根本没有精力去观察自己遇见的那个人到底是谁，自己付出真诚以后换回来的到底会是什么。

一个心智成熟的人会很快意识到这样的人活在自我的世界里，他们所谓的真诚，只是化解自己苦闷的借口。因为他们不隐藏，那么爱人就必须全盘接受他们的情绪化、他们的弱点和不足。心智成熟的人会迅速离开这样的人。而被这种真诚吸引的只会是两类人：一类是断定这样的人理性和判断能力不足，有利可图，可以用爱情的名义来让他们满足自己欲望的人；另一类是同样有着心理症结的人，以为抱团取暖就能治愈彼此。但是在相处中，两个心理“病人”都希望对方按照自己想要的方式对待自己，让自己的生活变得有趣，让自己的负面情绪得到平息，让自己随时随地掌握对方的动态。时间一久，必然矛盾重重。

孤独

一名女生告诉我，新认识的一名男生说她每天吃外卖不健康，还听她讲了自己和父母关系紧张、大学毕业后就选择来异地工作的经历。这样的关心和聆听让她感到了恋爱的温暖。我问她，交浅不言深，你为什么认识对方不到三天就把家庭情况都告诉对方？ 别人只言片语的关心，就让她敞开心扉，把自己的私生活和盘托出，这不是真诚，而是孤独。

内心的“孤独”并非缺乏陪伴的状态。缺乏外在链接的孤独感很容易消除，我们轻易就能找到各种同城兴趣活动、找到玩伴。而作为外化症结的“孤独”是对外渴求但落空的状态。当内心得不到满足，他们希望可以找到依赖，希望有人可以倾听自己的喜怒哀乐，希望有人能帮自己答疑解惑。向外的渴求和依赖越强，便越孤独。

很多人沉溺于失恋是因为孤独太难熬，很多人进入爱情也是因为孤独。可惜，用爱情抵抗孤独的企图恰好是毁坏爱情的大规模杀伤性武器。内心被“排解孤独”的欲望占据的人，在遇到异性的时候就会刻意放大自己的情绪，聊得来就是有好感，有好感就是爱上。这样，自己“找到依赖”的需求就能得到满足。

在进入关系后，仅仅是物理上的陪伴并不能让他们满足，他们还需要对方帮自己解决情绪和生活上的种种烦恼和挫折。但这样的感情缺乏基础，没有共同的经历，也没有深入的了解，是各取所需的利用。因为没有深厚的情感积累，关系的另一方很快会因为被依赖或被要求而感到疲惫。如果另一方还受到其他异性的欢迎，那么他自然会选择流连于下一处暧昧。

他们也能感受到相处过程中出现了纠结和矛盾，但依然不能接受分手的事实，因为对方一旦离去，他们就彻底失去了依赖。孤独感越强烈，必须挽回爱情的执念就越强。可惜对方早就云淡风轻，他们还守在原地念念不忘。

低自尊

另一名女生的遭遇。她的各方面都很优秀，身边的朋友都觉得她值得一个同样出色的恋人；但是她选择的男友并不出色，无论是学历，还是工作收入，都远比她逊色。虽然有这样的客观条件的差距，但在相处中，她反而是时常感到不安的那一个，不断试探男友，不停地翻看他的微信，总是担心他移情别恋有了新欢。

为什么在择偶的时候就没有选择和自己学历、收入更匹配的恋人？女生的回答是：她并不觉得学历、工作可以算作加分条件；男友比自己年纪小，所以他的选择面其实更广，反倒是年长的自己配不上对方。例子里的女生，因为年龄而感到自卑，所以她对自己的评价明显低于她的实际能力，而对恋人的评价又明显高于对方的实际能力。因为年龄带来的自卑，她在认知上就出现了“放大缩小”的错误，扭曲了现实，影响了她的择偶观和与恋人的相处方式。

当我们因为挫败，比如高考失利、表白被拒而对自己产生失望和怀疑的情绪，这是人正常的心理反应。但如果没有外界刺激，却依然长期对自己持有消极的态度，总是消极地评价自己，那么这样的人就是心理学中的“低自尊者”。

低自尊者没有办法正确判断自己的价值，他们只能向外求，通过恋爱对象来肯定自我价值。孩子如果在成长过程中得不到父母的爱，就会被自我的无价值感折磨，对他们而言，没有什么比“我爱你”这句话更能让他们开心。爱人的表白让他们感受到了自己的价值，让他们从“我不配”的痛苦心境中解脱出来。

于是，他们在择偶过程中并不是因为具体客观的择偶标准而喜欢上谁，而是因为有人喜欢了自己，赞美了自己，关注了自己，就喜欢上了对方。他们忐忑不安地想要知道对方是怎么看待自己的，对方有没有发现自己的晦暗无光，根本没有精力去观察身边的那个人到底是谁。他们在用一种不科学、不可靠甚至可以说是畸形的方式，试图治愈自己内心的自卑。他们渴望恋爱对象能成为自己的心理救世主，却不知道这种不现实的渴望只会加大他们遇人不淑的概率。

低自尊者也很难维持一段长期关系。因为渴望，所以他们在关系里特别敏感，对方的一举一动都会直接影响他们的情绪和行为。如果交往一直是顺利又甜蜜的，对方能够持续给他们积极的反馈，就能暂时止住他们内心低自尊伤痕的疼痛；但是只要交往遇到了阻碍，对方表现出不满和冷落，伤口的疼痛就会立刻复发，他们就会陷入自我怀疑，坚信一定是自己没有魅力、性格无趣。

为了减轻焦虑和不安，他们会尽全力迎合、满足对方，希望对方收回不满和冷落，重新给予自己肯定与赞美。这样的行为又继续损害了他们的自尊感，自己在关系里果然是“低到尘埃里”的那一个。他们就这样从低自尊的认知开始，形成了内心不安的恶性循环。这种间歇的不安和焦虑，还有行为上对恋人的反复试探，会让伴侣感到疲惫、挫败甚至不被信任的愤怒，会逐渐地消耗掉伴侣的爱意。

女性在亲密关系中更容易遭受低自尊的折磨。因为比起男性，女性受社会性别角色的影响，有更严重的容貌、身材和年龄的焦虑，也更倾向于把爱情的失败与自己丑了、胖了、老了联系在一起。所以，我们会看到很多老去的女性以及生育后身材变形的女性在面对丈夫的疏远甚至出轨时，首先想到的是自责，认为是自己没有保持好青春状态，成了黄脸婆，所以对丈夫不再保有性吸引力。

低自尊者比孤独者更难离开不健康的关系。即便在关系里遭受了精神虐待如语言暴力等伤害，他们也会把错归咎到自己身上——“因为我没有做好，他才这样对待我”。他们也更难走出失恋，因为一旦失恋，就要承受双重痛苦：第一种是失去恋人的痛苦，第二种痛苦更让人难以忍受——自我价值被剥夺的痛苦。

那些谈不好恋爱的漂亮女生

低自尊的人因为心理外化作用而没有客观判断追求者的能力，常沦为心术不正者的目标。一些低段位渣男会专门找外表不出众、没有什么追求者的女生下手，因为她们是低自尊者的概率更高。但低自尊者并不等于其貌不扬、谨小慎微。

低自尊是一种隐秘的心理创伤，除非对症下药，否则后天的外貌身材、才华成就都不能根治。

漂亮的女生里面也不乏自卑的姑娘，美丽而不自知，对自己的外貌、事业、人生都没有客观的认知，需要外界尤其是恋爱对象不断给予肯定。这类内心脆弱的女生在人群里很好辨认，也很容易被心术不正之徒列为目标。

还有一类女生，她们的低自尊是以截然不同的形式表现出来的。这类女生外表一般是很有特点和个性的好看，性格里也是透着“无所畏惧”“自由随性”的气质，和自卑女生的谨小慎微形成鲜明反差。她们身边的爱慕者不少，谈起恋爱来也很投入、很快乐，可是偏偏她们的每一段恋爱都很短命。因为很遗憾，这样的女生只是看上去很“强”，实则内心依然没有形成关于自我的客观认知，所以她们在择偶时也很难有客观的标准。

她们内心的“无价值”与成长经历密不可分。所以很可惜，内心的软弱并不会因为外表的漂亮而得到弥补。

我把她们隐秘的心理创伤归为三大类：

第一类：被抛弃的恐惧

这一类女生的成长过程中，父母的感情并不好，或者被父母忽视，或者被父母寄养在亲戚家，更不幸的那一类则背负着离家不归的父亲、抛夫弃子的母亲这样的痛苦记忆。

第二类：被剥夺的焦虑

这一类女生的双亲里至少有一个是“垃圾”般的存在，因为沉迷酗酒、赌博、跳舞、嫖娼等不断向家庭索取资源，破坏稳定和谐的生活。这些孩子的成长中会有自己的东西被父母夺走的遭遇，比如父母挪用孩子的学费，变卖别人送给自己孩子的礼物等。

第三类：结局已定的人生

这一类女生自小就有“人生也就这样了”的感知，可能自己最好的结局就是嫁个普通人，然后熬过生命、平淡地死去。最常见的是出生在上有姐姐、下有弟弟且重男轻女环境里的女孩，作为牺牲品的姐姐就是她未来人生的预演。

不管这些女孩的心理创伤属于上面三种的哪一种，概括起来都是一样的——父母没有给予她们对自己人生和感情应有的高期待和希望，所以她们的人生字典里没有“我值得拥有”这一句话。

这种思维模式相当糟糕，因为不管她们用怎样动人的词汇来矫饰，本质上就是她们对自己的人生和感情期待很低。她们内心真正的独白是：现在我的人生相比曾经的黑暗已经好很多了，所以我要用尽力气过好当下的每一天；对于未来我看不到，所以我不会去考虑长期的规划。

她们爱用的人生和爱情的表态词汇背后都蕴藏着自我放逐的绝望感。“趁着年轻，随性而活”背后的潜台词是“我害怕老去，年轻是人生里唯一不需要看结果的一段时光，我怕交不出人生好答卷”；“醉笑陪君，不诉离殇”的背后未曾说出口的心声是“你终究会离开我的，让我尽所能陪你走一段，能走多久算多久。爱终究是与我无关的”。而“我会有富裕、快乐又自由的人生”“我会找到上进、忠诚、温暖的男人”，这样的信念她们并没有，“我配得上”的底气她们也没有。

一旦理解了她们的内心世界，就能推测出心理外化作用下她们在寻找什么样的恋爱对象，也能看出这种虚幻的“理想爱人”身上隐藏的风险。

她们所在乎的不外乎三件事：

一是被理解。这样的女孩基本不会隐瞒自己黑暗的记忆或者令人悲伤的成长经历，她们需要聆听，需要有人对她们表达共情和心疼。

二是被保护。女生的不安很多会通过情绪化的吵闹来表现，但这些“弱智”漂亮女生的“作”并不是常见的小女生闹情绪、耍性子。她们的“作”会以极强的生命力形式展现出来：一般表现为坚持自我主见、厌弃主流标准、不走寻常路；她们厌恶朝九晚五，蔑视相夫教子；她们崇尚漂泊不定的生活，关注个人情绪超过世界。这种极端行为背后往往是因为自己看不到人生的远景，必须用激烈的方式过当下。但她们不说出口的需求是，她们依然想要一个美好稳定、令人羡慕的未来。只是她们觉得自己不会拥有罢了。

三是新鲜感。失明过的人会更贪婪地打量这个世界，她们也一样。因为成长中的黑暗，她们的生活需要更多刺激来填补。这些刺激并不只有物质刺激这一种选择，还要有与庸常生活不一样的新鲜感。所以她们往往会被有不庸常爱好和人生追求的男人吸引。

对这三件事的要求无可厚非，可是，问题的关键在于这三件事都是非常容易伪装出来的，尤其对于略有段位和经验的人来说，太轻松了，只需要一点点的技巧：需要让女孩感到被理解，最好的方法是根本不讲话，安静专注地聆听她的讲述，最后像抱小孩一样抱着她，摸一下她的头发；需要让女孩感到被保护，无论她想做如何惊世骇俗的事，无论她的计划多么疯狂不理性，都温柔地看着她、告诉她，“去吧，想回来的时候，有我在”；需要让女孩感到新鲜感，更简单了，乐器、写现代诗、旅行、摄影都是门槛很低的爱好，伪装成略有天赋的才子并不难。

由于自己内心的症结，这类漂亮的女生在爱情里所求的东西并不具有客观性，对于略有段位的渣男而言，伪装的难度并不高。另外，这类女生还会吸引“野心大过能力”的男人。因为这类女生是他们生命里仅剩的一点点的“不庸常”了。没有了与这些女生的爱情，他们就没有办法再瞒过自己——其实自己并不是什么天选之才，不过是天地之间一粒普通至极的尘土。成年人会接受自己“尘归尘，土归土”的命运，在尘土和尘土之间，经历喜怒哀乐，承担责任和义务，红尘炼心；但不成熟的男人，会用和这类女生的爱情掩盖自己生命的苍白和乏味。

所以，她们更需要擦亮自己的眼睛，对身边的追求者仔细鉴别，找到真心、真诚爱着自己的那一位。如果做不到，从一开始就选错了对象，又怎么谈得好恋爱呢？但矛盾之处在于：由于内心存在未解开的症结，她们容易成为渣男的猎物；而恰好又因为这些症结的存在，让她们失去对追求者的正常判断力。

心理外化和苦恋的共生关系，即在于此。

缺乏安全感

有些女生因为在感情里没有安全感，于是秉持“不爱我的我不爱”。看起来她们在爱里很强势，很可惜这是一个既虚伪又虚弱的原则。对于自己不怎么喜欢的人，她们还可以坚持原则，表现得洒脱决然，性爱分离，分手利落；但一旦遇到深爱的人，原则就没有用了。她们需要对方在感情里不断给予爱的证明，会找各种理由把对方推开，尔后又希望他能把自己拉回怀里，以此证明他爱自己。这一切都是因为脆弱的安全感在作祟。

一旦感情遇到问题，尤其是牵涉到第三者的问题，剧烈的不安全感就会被引爆，致使她们无法理性评估、处理一段关系中必然会发生的问题和挑战，从而使关系迅速恶化。这种情况下，她们的内心已经对这段感情打上了烙印——他不爱我。只要两人关系里出现问题的苗头，就先下意识把对方推开。推开后，如果对方没有回来，就会加深内心烙印；可又因为自己还爱，又会伸手去拉。但处于可怕的不安情绪里的她们，已经没有能力用正确的方法吸引、挽回被自己推开的爱人，往往只能采用卑微哀求、可怜企盼的方式。

这样一来，给内心善良、依然保留爱意的爱人带来的也只能是疲惫不堪、压力重重的感受——感觉女生矛盾别扭，需要他时时刻刻关注她的情绪，生活都被破坏，只能围着她打转。于是，感情逐渐被消耗殆尽。而对于心智也不成熟的爱人来说，失去征服感、低到尘埃里的女人再完美，在他们眼里也不值得爱——光是那低到尘埃里的姿态就已经先输一分，轻视之心顿起。

而这类缺乏安全感的女生自己则陷入“他不爱我”——“我必须在受伤害之前先结束”——“可是我还爱他，我想和他在一起”——“他果然不爱我了”——“可我还想有他陪和关心，即便他不爱我也可以”——“我真下贱、真没自尊，这样的我配不上被爱”的情绪里；更严重的，则会在苦恋中进一步走向自罪自责和自我惩罚，因为觉得自己除了让人烦、给人造成困扰，什么价值都没有。

逃避现实

如果观察一下失恋女生聚集的论坛就会发现，最常见的发言往往是：“只要我断联，静静等待，他就会回头。对吧？”这句话透着浓烈的自欺欺人的气息。如果真的相信，根本无须寻求他人的肯定回答。其实自己内心根本不相信和恋人还有重修旧好的机会。可是，分手的痛苦，自己能不能承受？失去了爱人以后，一个人的生活能否过得更好？对这些问题，她们都没有信心，也不想尝试找出答案。所以，她们试着用“挽回的努力”来拖延直面结局的时间点，至少在想象的世界里，她们还身处恋爱之中。

苦恋中的人也有着相同的逃避情结。从相爱走到分手的边缘，她们已经察觉到了两个人的不合适，可是如果选择放弃这个不合适的对象，那就必须一个人去面对现实世界的种种困扰——无事可做的落寞、无处安置的倾诉欲、父母的催婚唠叨。

不愿意面对，就会杜撰欺骗自己的剧情和台词——“他会改”“他不一样”“我们经历了那么多，只要再坚持一下，一定能收获幸福的”。和整天浸泡在失恋小组论坛里寻求他人心理安慰的女生一样，她们也并不是真的相信那些台词，只是没有其他选择。失去现在的这段关系，她们也看不到更好的未来，只能执着地用“我还爱他”来继续自己的假想戏剧。

很多女生还在关系中的时候，未必感受到自己对对方强烈的爱；但是当对方离开以后，却苦苦等待，始终不愿意接受失恋。并不是因为她们突然在分手里学会了珍惜，而是回归单身，独自面对现实的挑战吓阻了她们，她们绝望地想要逃回恋爱的庇护所。

假想的爱人

一名走不出失恋的女孩，提及前男友，言语里充满后悔："我脾气不好，太冲动了。他一直容忍我、包容我。他喜欢独处，可是我经常让他陪我做这做那。现在我才知道很难再找到像他这样的一个人。我希望可以挽回他，和他重新结伴而行。"

她向我诉说了和前任相处的许多故事，对方如何照顾她，承接她的每一次情绪起伏。但在她的那么多讲述里，她的前任始终是模糊的存在。对方的喜好，对方的人生追求，对方的爱情观、价值观，等等，这名女生都不了解。

在择偶的时候，女生所看到的也只是她内心的渴求，她有很强的依赖心理，想要一个完全满足自己任性的爱人。那么，每一次男生迎合自己、赞美自己的时候，她就认定对方是个很好的恋爱对象；如果有男生发表了和她不同的意见，她就得出结论——对方性格存在缺陷。在这种极度不客观的择偶标准下，她所爱上的男性，并不是一个真实存在的人，而是从自己的需求投射出来的幻象——温柔的、包容她一切脾气和冲动的男性。她想要挽回的并不是那名男生，而是自己想象出来的虚假爱人。

她当然走不出失恋。当她怀揣着一个假想的完美爱人作为标准，只能一次次失望地发现，身边任何一名别的男性都比不上曾经的爱人。

当恋爱结束以后

弗洛姆在《爱的艺术》里说，再也没有别的行为像爱情那样以如此巨大的希望开始，又以如此高比例的失败而告终。换作是其他事，我们一定会想方设法找出失败的原因，吸取教训。所以，分手也一样，它也并不是世界末日，只是需要我们去总结，去反思：为什么这场爱情失败了？

如果从一开始就错选了糟糕的对象，那么询问自己，“为什么判断力会被蒙蔽？”到底是自己的择偶标准存在漏洞，还是自己其实根本没有客观的标准？是因为低自尊和孤独感在作怪，才会失智地爱上自己还不了解的人？

如果是因为相处中的矛盾磨灭了感情，询问自己“为什么”同样可以帮你找到症结。只要是两个人的相处，就一定会有矛盾，但是为什么没有化解掉矛盾？是因为只在意自己的感受，根本无暇顾及对方的心情，还是因为不敢接纳自己的需求，把关系推向失衡的边缘？

年轻的时候遭遇恋爱失败，真的不是一件坏事，因为失恋是一个让我们开始自我成长的良好契机。从长远的角度来看，只要能熬过痛苦和伤心，在理性恢复之后，通过一场感情的失败，审阅自己的恋爱认知，探究内心更深层次的心理症结，就会很自然地获得进一步的成长。所以，不论是恋爱、失恋，还是结婚、离婚，都无关紧要；无论是潇洒离去，还是绝望放手，都无所谓。只要自己以此为转折点成长起来了，失恋也可以是自己所收获的爱情果实。

绅女的心理课堂

心理外化是一种潜意识的心理防御机制。我们通过把个人内部特征投射到外部世界，来缓解内心的焦虑和不适。比如，我们在微博上和人争论，是因为那群人实在是太能抬杠了。在这样的解释下，自己性格中可能存在的“好争论”的特质不再存在，而被他人的抬杠所取代。虽然与他人争论不休，但自己也无可指摘。

适度的外化是健康、正常的心理活动，能帮助我们避免不必要的自我攻击。比如在“为什么没有及时交报告”这件事上，比起去分析自己缺乏时间观念和自控力，“邻居装修实在太吵了，没法专心”的解释会让我们更释然也更轻松。

但是外化的过度应用会让我们丧失判断的客观准绳，把世界错误地认为是内心想象的样子。

自己单身是因为“女人都很拜金”，这样的外化思维可以让贫穷的男生感觉好一些，毕竟有错的是女人，而不是他。但他所看到的并不是客观真相，真实世界依然存在很多在意男性的外貌、学识、忠诚、温柔远胜过财富的女性。

当过度的心理外化进入到情感关系中，你就再也看不见真实的对方，看到的只有内心的渴望还有恐惧。因为渴望陪伴，所以对方的一丝关切就让他成了完美的伴侣；一次的不及时回复，就不再感到被爱。

对伴侣的真实视若无睹，会让一切关系都慢慢走向失败的终点。就算时间帮助你平复了情绪，也不能帮你成长，在下一段感情里，你依然会爱上一个假象，然后等着时间戳破幻想，又一次面对失恋的落差。

要终止这个不幸的循环，你就必须觉察防御机制下面那个真实的自己。除了外化这个工具，还有什么其他更好的方式来保护自己，帮助自己成长？

6

第六章

原生家庭不幸的人能拥有幸福吗？

“自己”这个东西是看不见的，撞上一些别的什么，反弹回来，才会了解“自己”。所以，跟很强的东西、可怕的东西、水准很高的东西相碰撞，然后才知道“自己”是什么。

——山本耀司

在山本耀司的这段话里，可以把分手理解为你撞上的那个强大的东西，反弹回来的是曾经的自己。你只有清楚地看到里面的脆弱、狭隘甚至不堪，才能更深地认知自己，才可能会有后续的认知提升。但在进入到认知提升阶段之前，许多失恋者都会从反弹回来的那个自卑、缺爱、没有安全感的自己身上看到一个巨大的黑暗魅影——不幸的原生家庭。

“从小到大父亲都不夸我，还经常点评我的体重和皮肤，有时他甚至会在朋友面前半真半假地说我没有继承他的优良基因。所以我就一直希望有一个年纪比我大、成熟稳重的男性可以真心爱我。可当真的开始恋爱了，我又没有安全感，总是怀疑他是不是真的喜欢我，需要他不断地向我证明他的爱。就这样，一次又一次的消耗，对方彻底失去了陪我走下去的耐心。”这是一个女生的讲述，她不想继续活在敏感、焦虑的心态里，她也想通过改变自己挽回曾经的爱人。可当她认为找到了恋爱问题的源头时，又陷入了绝望——自恋的父亲带来的心灵伤害已经刻在了她的记忆里，完全不可能被忘却。

她沮丧地认定，原生家庭如同一个黑暗魔法，让她一生都背负了无法幸福的诅咒。

原生家庭，在心理学中的定义就是我们出生和成长的家庭，是我们接触世界的第一个载体，就像我们生命中的根。如果父母能够给予关爱和保护，那么孩子就能茁壮成长；但如果父母不仅不给予，反而疯狂索取，那么孩子很快就会枯萎。所以，就像这个女生的例子所展现的，原生家庭当然对我们的一生有着重大的影响。这些影响不仅作用于我们童年时期的生活，还会塑造我们对自己的认知、对待他人的方式和对世界的态度；父母之间的互动模式、为我们设定的家庭规则和要求，也会潜移默化地成为伴随我们一生的习惯。

原生家庭的影响，对于我们所有人来说都是无法避开的东西。就算我们都会因为求学、工作、结婚等人生节点离开自己的原生家庭，而且有的时候即便我们和原生家庭远隔重洋，或者离开后再也不返回，我们也依然有可能活在原生家庭的影响下。

我的高中和大学都是寄宿学校，从 16 岁起我就离家开始独立生活。从小我就观察到父母对话时存在的不良习惯，他们总是用指责和抱怨来间接诉说自己的需求，而不是直接、坦诚地表达。少年的我曾在日记本上反复记录这一点，提醒自己以后和恋人沟通时一定不要重蹈覆辙。但令我吃惊的是，恋人有一天提醒我说：“如果你有想要我为你做的事，可以直接告诉我。如果你只是说你的失望，我猜不出你想要什么。”

后天的学校教育里并没有如何恋爱的内容。当我开始进入亲密关系的时候，唯一的行为模板就是记忆里父母的互动。虽然我明知道父母的相处模式是不对的，但当时的我并没有其他的知识储备，于是不由自主地成为原生家庭糟糕影响的受害者。但是，受害者的身份会就此跟随我一辈子吗？因为父母不懂沟通和交流的正确方法，于是我的一生就无法拥有甜蜜的爱情和婚姻吗？

当然不是！人生的一个重要课题就是从心理和感情上摆脱原生家庭环境的影响，成为一个全新的独立的人，不再重复原生家庭旧有的模式，也不用刻意地摒弃父母身上所有的特质。这个课题虽不容易，但它也不是无法攻克的世界难解之谜。心理学科已经有非常详细和深入的关于原生家庭的理论和治疗的研究，也帮助无数人达成了与原生家庭的和解。

人海当中每一对相依相守的恋人都是成功摆脱原生家庭负面影响的榜样，因为所有幸福的爱情和婚姻都有一个基本前提，那就是关系里的每一个人都是独立的成年个体，不会受原生家庭的干扰。

请你相信你也能成为其中的一员。有了这个信念，我就能在这本书里陪你一起进行一段旅程——不仅仅是走出失恋，更是一段发现真实自我、重塑自我的旅程。虽然我无法保证你在读完这本书以后，原生家庭留下的阴影瞬间消失，但只要你作出决定，遵循书中的建议，你就一定能从父母手里拿回了主导人生幸福的权利。

请先在精神上离开父母

数年前曾经有一则轰动一时的新闻，留美学子王某写下万字长文控诉自己的父母。在长文里，他记录了父母的“肆意操控”“斥责”和“炫耀”，还有父母的过度管控和亲情淡漠，这些都让他无法拥有足够的自信心。

在公开写下控诉长文之前，他已经连续 12 年都没有回家，就算是春节这样的特殊日子也不例外；他也早早地拉黑了父母，拒绝日常联系。表面看起来王某和父母的决裂非常彻底，但其实他的精神从来没有离开过父母。他 12 年没有回家，但实际上也就是不“回家”而已。他喋喋不休地絮叨自己决裂有理，只能说明他依然和父母保持着精神上的联系，依然把父母作为自己成年后性格缺陷的罪魁祸首，从来没有真正放下父母“肆意操控”自己的心结。

解决原生家庭问题的正确办法是彻底地独立，而不是给父母证明“能独立”。可惜新闻里的男生不懂，他依然活在父母的影响下。“我最早经历的，但很晚才意识到的危机之一是我家人尤其是我母亲并没有完全接纳我。”“父母的爱其实是伤害，过去的经历无法与我的认知调和。”王某的控诉长文里到处是这种想法和观点，任何能证明父母有错的例子，都会被展示出来呈交给父母作为证据。这是典型的小孩子要糖、要玩具的手法——竭尽所能找各种理由。那么在父母看来，这种决裂、这种万字文控诉的行为，再次证明他只是一个在无理取闹的孩子。

修复原生家庭创伤的第一步，是在心理上把自己摆在一个和父母平等的地位上。不是受害者，也不是亏欠者，而是一个独立的个体。一个独立的个体，会理性地选择对自己最优的生活，即便这个最优选择意味着和父母完全断绝联系。这种选择既不需要父母这样的第三方的允许和认同，也不需要他们来接受自己的想法。但是王某不断在做的都只是为“父母有负于我”找证据，来合理化自己与家庭的决裂。而这种为自己与父母的互动方式寻求认同和接受的做法，恰恰就是把他牢牢钉死在原生家庭的精神枷锁。

脱离原生家庭的办法有很多，但最不可能的就是通过得到父母的“认同”来脱离。这是我们解决与原生家庭冲突必须克服的心魔。比起物理上的离开，摆脱心魔、从精神上离开父母更为重要，也是唯一有用的方法。你要时时刻刻提醒自己：面对有害的、有毒的、吸血式父母，只有在精神上彻底离开他们，才能获得重生。

离开的第一步就是停止满足父母不合理的索取。面对不尽责的父母，你唯一需要承担的责任就是法律规定的最低要求，即赡养费。除此以外，任何不合理的要求，你都可以拒绝。精神上的远离，不仅仅是不迎合父母的索取，更是在心里彻底终结父母对自己生命的“肆意操控”。这意味着你要拒绝索取，也要停止把自己的悲惨遭遇怪罪到父母头上，你不再期待他们的认同、改变甚至道歉。

你就是你，骄傲和荣光与父母无关，悲伤和阴暗也与父母无关。这才是一个精神独立的人该有的觉悟。

别拿原生家庭当借口

“幸运的人一生都在被童年治愈，不幸的人一生都在治愈童年。”这句网络流行语被冠在阿德勒名下，但这句话所要表达的思想和阿德勒所主张的个体心理学的基本理念完全不同。

如果让阿德勒来评价这段网络流行语，他会认可前半句，会呼吁家长们重视孩子童年阶段的心理健康，但是他会否定后半句——童年可以“判定”每个人的命运。在阿德勒眼里，不幸的童年已经是事实了，无法让它消失，但是除了被动地接受，沉溺在悲伤和痛苦里，我们还有可以应对的选择。“如果一切都已经被决定，我们连做什么的余地都没有，那我们也失去了活着的目的。人在所有情境中都有选择的可能性。”这一段才是阿德勒的真实表达。

可是，承认自己有选择的可能性需要很强的自制力。因为原生家庭是一个过分完美的借口，可以掩盖一个人的各种脆弱和怯懦，可以合理化各种自私和放纵。任何自身的性格缺陷和恋爱不顺，都可以从原生家庭找到解释：自卑，是因为父母从小的打压；缺爱，是因为缺少父母的关爱；内向，是因为父母的强势和控制欲；不安，是因为没有感受过父母的无条件接受……而自己不需要承担任何责任，只是一个可怜无助的受害者。

这种思维模式听上去是不是很熟悉？有一个标准的外化过度应用的案例——因为不想为自己的人生承担任何责任，所以认定自己在恋爱中所表现出的所有心理症结都是父母的错，对此，自己无能为力。

可是，过度外化的人看不到真实的世界，世界只能是他们内心的投射。真实世界里，我们是人，是跑不快却能造出汽车的人，是爬不高却能造出火箭的人，是不会飞却能造出飞机的人，是治愈疑难病、攻克顽疾的人，是不断创造历史、刷新纪录的人。

原生家庭，与我们每个人所携带的基因和我们每个人的出身阶层并没有本质不同；来自原生家庭的重大创伤，与天生残疾、出身贫穷同样没有本质不同。绝大多数人都是带着各自的缺陷，肩负着各自的重担，尝遍酸甜苦辣，历经幸福与不幸交织起伏的人生。身残却志坚的人，出身贫穷却凭自己努力给家人一个稳定生活的人不是少数；被命运碾压玩弄，却还在努力生存、用心生活的人也不是少数。

小时候读书，林肯说，“四十岁后要为自己的长相负责”；小时候听歌，歌里唱，“走吧，走吧，人总要学着自己长大”。

人总归要自己慢慢长大，总归要为自己的人生负责。就算人生路注定比别人的崎岖一点，也要成为一把更好的磨刀，提升心性，锻炼灵魂。至少每走完一步，回头看都是成长；至少在生命尾声，灵魂比起出生时变得更强大也更成熟。这正是生而为人的意义。

如果不受过度心理外化的影响，一个人就能看到真实的世界。剖析原生家庭是为了找到源头，重塑更好的自己，而不是为不行动、不改变找借口。为什么有的人一提到原生家庭的创伤，就一副哭哭啼啼、绝望无助的样子？因为他们内心所渴望的是凭借着他人的怜悯，来帮自己治愈这个无助、缺爱且自卑的灵魂。他们看到的是自己内心的投射，原生家庭的创伤自然成了一生都无法摆脱的诅咒。

反复强调自己有原生家庭创伤的人，始终维持一个忧伤不幸人设的人，不妨先真诚地想一想：真的没有用这个当武器，向他人索取更多关注和爱护吗？真的没有拿这个当借口，避免直面自己的软弱和无能吗？真的没有拿这个当免责声明，放纵自己的欲望，自毁和毁他吗？

只有无比坦荡地面对自己的内心，就算看到的是并不美好的画面，也不移开视线，不试着去美化、去合理化，才会有改变的可能。否则带着心理症结的借口进入恋爱，只怕躲不过落入无良人的圈套；即便遇见的是善良且温柔的人，也会因为继续滋养自己内心的黑洞而耗尽对方的爱。

对自己负责

不幸遭到不合格父母伤害的孩子，必须意识到，对自己负责才是唯一的出路。

对自己负责并不代表那些自卑、不安、焦虑、缺爱全是你的错。不是，你的父母当然有责任，但即使他们伤害了你的童年，也不能解除成年后的你所需要承担的人生责任。就像一个孩子出门游玩，被路中间的石块绊倒，他摔得很痛。本该是平整的路面突然出现石块，当然不是可怜孩子的责任。可是他必须得自己站起来，绕过那块石头继续往前走。否则，无论他怎么哭、怎么委屈、怎么抱怨，石块也不会凭空消失，他也没法实现游玩计划，最终被浪费和虚耗的只能是他自己的生命。

在苏珊·福沃德与克雷格·巴克合著的《原生家庭：如何修补自己的性格缺陷》一书中列举了 9 项我们与父母的关系，其中我们应承担的责任——

成为一个独立于父母的个体；

诚实地看待自己和父母的关系；

面对童年的事实；

勇敢地承认自己童年的经历与成年后生活的关系；

勇敢地向父母表达自己真实的想法；

面对并摆脱父母对自己生活的控制，无论他们是否健在；

当自己的行为残忍、刻薄而伤害到别人时，改变自己的行为；

找到合适的方式来治愈内心的童年创伤；

重新获得自己作为成年人的权利和自信。

我想要在这个列表中再增加一个第 10 项：当父母的关系不是理想的亲密关系范本时，自己学习。

若父母之间感情很好，那这个家庭的孩子从小就在潜移默化里完成了爱的教育；一个女儿看到过爸爸深爱妈妈的样子，自然也会知道男生真心喜欢自己时的表现。如果父母之间总是充斥着矛盾和争吵，那这样的孩子就无法从父母身上学到好的亲密关系该是什么样的，她又该如何与爱人沟通。但无论怎样，两类家庭的孩子都有相同的机会收获幸福，因为情感教育的缺失可以通过成年后的自学来弥补。你可以学亲密关系的模型，学两性之间的沟通技巧，重新建立自己对爱情的认知。

当然，这 10 项不是朝夕之间就能轻松做到的，但每一次当你大声说出“我是一个成年人，我为自己负责”时，你就已经朝着摆脱原生家庭创伤影响的正确方向前进了一步。

但很可惜，很多人往往会选择一个错误的方向——他们不再对父母抱有期待，也不再渴求父母会改变、会向自己道歉，更不会自己承担起责任，而是把期待的目光转向爱人，希望爱能够治愈他们。而正是这个希望把他们推进了失恋的深渊。

不要期待爱的治愈

东野圭吾的《白夜行》以“她一次都没有回头”结束。

雪穗的母亲出卖女儿的身体，亮司的父亲购买雪穗的身体，亮司为了使雪穗免遭凌辱而杀死父亲，雪穗为了帮亮司逃脱罪行而害掉母亲。从很早起，他们的太阳就没有升起过，而在杀父弑母之后，没有太阳的黑夜里他们成为彼此的光，相互搀扶着前行，即是所谓白夜行。故事的最后，始终保护雪穗的亮司从楼梯一跃而下，雪穗爬上楼梯没有回头看上一眼。这个意象总结了整个故事：这种爱，是无法回头的绝路。

雪穗和亮司都不知道爱是什么，也从来没有走出过黑暗。这样的两个人无论多渴望爱，多疯狂、多卑微地去爱，都不可能真的拥有温暖的、缠绵的、柔和的爱，最终的结局只能是绝望。

我们不会经历小说中戏剧化的情节，但我们也总是走上和雪穗、亮司一样的不归路——希望爱可以治愈自己，希望可以找到太阳来照亮内心的暗夜，可是满心都在期待用爱来治愈自己的人，心里也就剩不下多少空间留给爱人了。

“他总是说我情绪化，可为什么他不能给我安全感？晚上八点就告诉我手机没有电了，让我不要发消息了。可到了第二天早上还是既不给我消息，也不给我回电。质问他，他就解释说家里停电了没法充电。这种理由叫人怎么相信？”这是一个女生悲伤的哭诉。因为原生家庭没有给予她足够的安全感，于是当她抓住一个爱人，就像是抓住了一根救命稻草，不顾一切地要他人来疗愈自己内心的不安。

我们每个人的内心都会希望得到别人的回应和关心，但是心理健康的人并不会让这种需求控制自己的生活。如果别人没有回应，他们也能保持情绪稳定，继续过正常的生活。

然而，在这个女生的案例里，男友的回应彻底控制了她的感受，她所有的心思都集中在如何收到男友的消息，如何继续拥有他的爱，这样她就可以不再孤独，不再焦虑。但是她根本没有想过对方在没有联系自己的时间里，是否有更重要的事，更没有想过对方想要怎样的关系，自己该怎么去爱人。

就像一个饥肠辘辘的人，永远乞讨着食物，却从来不去想自己可以提供什么，那么再善心的捐助者也会有失望离去的那一天。有人会因为这句话感到委屈，她们明明很在意对方的一举一动，总是小心翼翼地和对方交往，根本不是以自我为中心的骄纵小公主。但是小心翼翼的“爱”，既不是为对方着想，也不是为对方付出，更不是真实的爱。这依然是在拿自己的内心去解释外部的世界。

“在爱里，我总是怀揣着一颗小心翼翼的心，生怕自己做错什么让他不喜欢我。平时聊天，他只要露出一点点不耐烦的迹象，我就立刻调整话题；要是他生气了，我也会马上道歉。我实在不理解为什么他还是说我的患得患失让他觉得太累，非要和我分手。”这名女生带着满腹的委屈想要从我这里找到答案，我反问了她：“你有没有问过他，他到底是为了什么生气？”

这名女生以为自己说的话不是对方想要听的话题，又以为换的新话题是对方想要听的；以为对方的不开心是因为自己，又以为自己的道歉能让对方心情变好。她以为小心翼翼地观察对方的脸色，揣测对方的心意，就是对方想要的恋爱。她有很多的“以为”，每一个“以为”里的中心人物都是她自己的想法和理解，唯独没有现实里的对方。对方可能心情很不错，她却觉得对方是不耐烦的；对方生气可能是因为刚刚收到老板要他加班的微信，她却觉得是因为自己。

站在对方的角度去看这段关系，他是在和一个完全不理解自己、无时无刻不在误解自己的人交往。假以时日，任何人都会失望地离开。

所以，当你内心有伤，又企图从爱里找到解药的时候，你的恋爱就注定会失败。

爱是什么?

恋爱并不是合适的治愈童年创伤的方式，因为这违背了爱的本质。

爱到底是什么？这个词太抽象，所以总是被误解和滥用。很多人偷偷地用“爱”作为幌子，只想满足自己的需求。而弗洛姆在《爱的艺术》里，给爱做了清晰的定义——爱不仅仅是被爱，更重要的是爱人的能力。

如果你爱一个人，你会希望他以自己的方式，为了他自己去成长，去表现，而不是服务于你的目的；你如果爱一个人，就会接受他本来的面目，而不是要求他成为你希望的样子，方便你的索取和利用。所以，当你在爱情里想要的是一个24小时为你服务的“心理医生”，能帮你解开内心症结，那不管你表现得多在意对方，多舍不得对方，很遗憾这都不是爱。

除了接纳，爱人的能力还有尊重。弗洛姆也为尊重确定了前提：只有当你成为一个独立的个体，在不需要依赖别人的情况下能够独自站起来，能自己走路，不想去支配和利用他人时，才谈得上尊重。

可是，很多人常常把依赖当成是爱。走不出失恋的人无法忍受孤独，甚至产生自杀的念头。她们痛苦地哀号：“我失去了他，活着还有什么意义。我是多么爱他！”这种哀号背后并不是爱，只是病态的依赖。没有了别人的关心和照顾就失去了生命能量、无法正常生活的人，和离开宿主就失去营养来源的寄生虫并没有什么不同。

所以，只有当那个被原生家庭绊倒的小孩不再期待有人能帮他推走石块，而靠自己就能站起来，绕开石块往前走了，他才能得到真正的爱。

爱人的能力最直观的体现形式是关注。关注意味着，把注意力放在对方身上，把自己的想法、需求和欲望暂时放在一边，去体会对方的内心世界和感受。这是一种对他人的接纳。

“他和我讲述去东北滑雪的经历，我觉得好沮丧，因为我根本承担不起滑雪旅行的费用，我好羡慕那些和他拼团同游的女生，她们一定比我有更多的机会接近他。”这是一个自卑女生的讲述。一个连自己都无法接纳的人，在相处中只能每时每刻都担心对方怎么看待自己，害怕对方会发现自己的不足，不断从对方的话里找到验证自己内心恐惧的证据。别说是进入对方的内心一同体会他滑雪时的快乐，就算是保持专注、聆听对方，她也做不到了。

到这里，我们已经能看清走不出失恋的人最深层的困境。

因为内心有伤，所以希望通过爱情来得到疗愈，于是开始了一场注定会失败的恋爱。他们不仅得不到疗愈，失恋还会再一次撕开旧伤口。从未得到修正的扭曲认知里，他们也看不到其他疗伤的选项，除了“被爱”。所以，他们盲目地哀求挽回，他们愤怒地责怪前任的冷酷无情，他们绝望地认定自己不再有好好生活的可能。

什么都不做，时间也许会让他们的情绪恢复平静；但这并不是彻底地走出失恋，只是麻木，不再感到剧烈的疼痛而已，伤口却依然如旧。他们会继续下一轮循环，希望遇见一个“新人”，一个更好的恋爱对象来为自己治疗。

看上去他们是最在乎爱的群体，生活中的大部分时间都在寻觅爱、挽回爱、伤感爱，但其实他们不断地在背离爱的本质。

我的第一场失恋

20岁出头的年纪，我投入了一段“饮水也能饱”的爱情。恋爱的对象是一名音乐人，没有固定的工作，也没有把音乐才华变现的能力。爱情开始得如同电影的剧情：我们恰好去了同一家图书馆，我去厕所的时候，他在我的书里留了张字条，随后我们便一见钟情了。

除了贫穷和异地，那段感情符合我所有的想象和期待。他给我关爱，给我尊重，给我温柔。从他的爱里，原生家庭遗留给我的深深的自卑和缺爱似乎得到了治愈；他教会我当一个男人深爱你的时候，该是什么样子的。

最穷的时候，光从上海跑到他所在的城市就已经花光我的生活费，一天只吃一顿饭——他驻唱酒吧的免费餐。但回忆里的那段时光的确是快乐的，两个人看着对方，眼里都是笑，吃酒吧给的垃圾食物也觉得是难得的美食，在没有暖气、阴冷的地下室，冷得睡不着的时候，让他唱我喜欢的歌给我听，就能觉得生活又美又暖。那个时候贫穷是那么真实，但当每天醒来看到照进房间的阳光，我们都会感谢命运的厚待。

可惜，命运很快变了脸，他有家族遗传的I型糖尿病，有缺陷的基因开始作祟后，他必须依靠注射胰岛素才能维持体内正常的血糖。每月额外在药物和耗材上2000元左右的花费，对当时的我们来说是一笔不小的开销。

最初，我还有信心：没关系，我已经工作了，可以照顾好他；如果钱不够，那我就额外再找一份兼职，多一份收入。但生活总比我们预料的更艰难。刚被诊断糖尿病的他还没法完全适应必须每天注射胰岛素的生活，最开始的一两年意外不断：因为低血糖，他晕厥在异国的街头；因为胰岛素注射过量，他陷入抽搐状态；因为行李遗失，我们必须去昂贵的医院配药……

在他最需要我的时候，我不可以退却，我默默学着应对各种突发状况。但每一次意外都是一次紧急医疗救助，每一次都是一张新的账单，特别是异国的几次意外，可以在一夜之间清空我们的存款。

我从来没有表露过隐忧和怀疑，坚持要微笑着给他支持。在他确诊的第一年里，他写下一首叫“世代”的歌，“黑暗里下坠，只有你的笑颜陪着我”。但内心深处，我开始怀疑这样惊心动魄的生活有没有结束的一天。不仅是他会终生与体内失控的血糖斗争，如果支付不起最先进的医学技术的费用，很大概率我们未来的男孩也要重复这场身体的斗争。我要不要在20岁出头的年纪就背上如此沉重的负担？虽然试着不表露，但怀疑和焦虑悄无声息地占据我的思想，伺机等待爆发的一刻。

毕业后我作为一名新闻调查的记者，在工作中经历了一次精神崩溃。直面世间的残忍需要内心的力量，而不是热血的冲动；但当时的我并没有那种力量，我被直接打垮了。我陷入了情绪黑洞，被确诊为抑郁症。我再也没有力量去抵御生活的困顿和恋人的疾病带给我的精神恐慌和焦虑。异地恋又加重了我的孤独和抑郁，我开始委屈为什么我必须一个人面对这些。他多次来上海看我，但每次看到的都是无法控制情绪和眼泪的我，再也找不回以前那个笑得没心没肺的我了。他尽全力想把我拉出泥潭，但困缠着他的贫穷和疾病已经让他精疲力竭。就算深爱，我们也无能为力了。

那一年的平安夜，12月24日，我收到他的分手短信。到最后，他连电话告别的勇气都没有。大概一年以后，我听共同的好友说，他遇到了一个爱他的女子，家境殷实，可以给予他所需要的安稳生活。

这是我人生当中的第一次失恋，我表现得既不体面，也不洒脱。被分手后的初期我充满着愤怒，觉得自己遭到了背叛——在他确诊糖尿病后我不离不弃，但是当我遇到了抑郁症的困扰，他却选择放弃。出于愤怒，我不停地联系他，要求他做出解释；当他始终决定逃避直面我后，我向他的亲友甚至同事进行了控诉，最终让自己躺在了他手机的黑名单里。

当再也联系不上他，也不能再冲动行事以后，时光慢慢平息了我的愤怒，我开始对这段失败的爱情作出新的解释——我和他的新女友不一样，我没有一个富有的家庭作为后盾，贫穷的爱情于我是一种无法承担的奢侈，我从一开始就不应该选择一段被金钱考验的爱情。

在很长一段时间里，我都没有发现这个新的解释里存在的漏洞。毕竟经济困窘最终会变成精神上的焦虑，慢慢吞噬掉曾经的爱。于是，我开始调整自己的择偶标准，我拒绝任何收入低于我的对我有好感的异性。但是新的择偶标准并没有让我从此就恋爱顺利。

直到我开始系统学习心理治疗，我才意识到那我段失败的感情里的一个重大问题——我和他的爱发生得太快了！第一天在图书馆的相遇，我们一共只有短短几个小时的相处，且当时的相处也没有沟通和交流，只是彼此微笑，坐在一起安静地看书。第二天我就启程返回上海，在回程的火车上我们用短信确定了恋爱的意愿。在之后的几个星期里，我们不分昼夜、不觉饥渴地在 QQ 上对话，然后就在这些言语交谈中我们的爱不断地升温。可以说，短短几个星期的时间里我们就确定是彼此的命中注定。

如果是正常情况，两个人根本不可能在那么短的时间里就变得亲密无间。所谓“智者不入爱河”根本不是智者不需要爱、智者不爱人的意思，而是智者根本不会有“一见钟情”，不会有突然的动心。因为智者，也就是心理健康的人，需要一定的时间和前提才会愿意暴露自己，和他人建立一段亲密关系。他们会从陌生人先成为朋友，在交往中慢慢了解对方，确定对方的人品、志趣和爱情观是自己可以接受的，随后才会有从朋友到恋人的转变，而绝对不会是我和他那样在极短的时间内变得无比亲近、无限信赖。

当我开始朝着这个方向反思时，疑点越来越多——我在同意和他交换手机号码的时候，甚至没有问过他的情感状态！我终于看到了那段关系的真相——根本不是基于现实和理性基础之上的爱。我和他的内心都充满纠结和伤口，我们彼此吸引不是因为了解或者熟悉，而是因为我们找到了帮助自己分担负面情绪、消除孤独、维系自我欺骗幻想的同谋者！

他是一个郁郁不得志的音乐人，从我这里他可以继续相信是世界辜负了他，而不是他的才华不足以获得大众的认可；而当时的我，正受着自卑的内心折磨，一个异性的爱是最有效的止痛药。

“人们往往把这种如痴如醉的入迷、疯狂的爱恋看作是强烈爱情的表现，而实际上这只是证明了这些男女过去是多么寂寞。”弗洛姆不留情面地拆穿了我假想出来的爱情。这是依赖，这是寄生，唯独不是爱。

我对记忆当中这段情感的美好回忆也有了最真实的解释：两个陌生人，当他们决定拆除使他俩分隔的那堵高墙，相许对方，融为一体时，他俩相结合的一刹那就成为最幸福、最激动人心的经历；而这一经历对那些还没有享受过爱情的“孤独者”来说，就显得格外美好，美好得不可思议。

我和他在恋爱初期所体验到的头晕目眩，并不是深情和真爱，而是两个心理病患在伤痛消失的幻觉中的狂喜之感。这种充满着戏剧化、奇迹般的“坠入情网”，看上去像是最纯粹、最真诚的爱，但实质上它和长期相守的爱根本无关。从本质上来说，“坠入情网”就不可能持续，因为梦总是会醒的，幻觉也一定会被现实击溃。

从表面上看，是疾病和贫穷扼杀掉了我和他的感情，但实质上即便没有疾病，即便我和他工作收入都稳定富足，只要等我和他结束异地，不再有距离和文字帮助我们延续幻觉，日常的相处也会击溃我们的幻想。他想要和其他乐队朋友聚会，而我想在家一起安静地看部电影；他想要谈论他新写的歌，我想要倾吐上班的委屈；他想要去海滨度假，我想要去爬山；他关心时政，我觉得讨论时事是傻子在浪费时间……我们迟早都会痛苦地发现，自己和对方并不是命中注定的一对。我们之间有很多不同、很多矛盾，我们的欲望、爱好、生活节奏和观念想法都相去甚远。我们之间的关系越来越失去奇迹般“灵魂相通”的特点，直到敌意、失望和无聊把一息尚存的爱意全都抹掉。

这才是真相。我的内心未被治愈的那个自卑的存在，才是恋爱失败的始作俑者。只要这个内心伤口依旧存在，只要我还抱着未来的某个爱人会帮我疗伤的希望，不管我如何调整我的择偶标准——更富有、更成功、更年长、更帅气、更温柔，我都逃不出恋爱失败的结局。

第一次失恋虽然带给了我巨大的痛苦，让我在很长一段时间内都对爱情抱着怀疑和愤怒的态度，但也很幸运的是，那场失恋让我最终找到了症结所在。对症下药，自然也就药到病除，成就了现在自信而强大的我，也让我享有了幸福美满的婚姻。

“我们可以从创伤中成长”。这不是一句试图安慰你的谎言，而是我的真实经历。我从人生的第一场失恋中找到了自我成长和疗愈的正确方法，在后续的章节里我都会分享给你。但在进入实战前，希望这一章的内容能帮你做好精神上的准备——对于原生家庭的创伤，请放弃幻想，面对现实，为自己负责！

绅女的心理课堂

原生家庭是家庭治疗模式中的重要概念之一，最早由美国精神病学家默里·鲍恩（Murray Bowen）在20世纪60年代提出。

20世纪50年代，“二战”已经结束，在美国人们开始关注传统的家庭定义和性别角色的回归。当整个社会都在大加赞扬家庭完整、全职妈妈等概念时，过于紧密的家庭关系却对个体自由和个体幸福产生了冲击。从60年代开始，美国的离婚率开始加速增长。

在这个时代背景下，家庭治疗应运而生。

如果追溯家庭治疗的理论源头，可以在弗洛伊德的精神分析中找到基本雏形。弗洛伊德认为，心理问题大多源于人们幼年期未曾解决的问题，而这些问题根植于早期的家庭关系中。

鲍恩改变了精神分析治疗师只关注求助者个人症状的模式，在1966年开创性地提出了他的家庭系统治疗理论，将亲子关系冲突的治疗重点从个体扩展到整个家庭系统。

鲍恩花了5年时间对精神分裂症患者的家庭模式进行观察，发现当一个家庭成员的功能失调时，另一个家庭成员则会进行功能的补偿。但是一旦这种失调和过度的补偿成为家庭内部长期运行的固定机制，就会让一个家庭成员无法恢复其正常的功能，家庭系统因此出现各种问题。他从中得出结论：我们都是原生家庭的产物，如果要解决家庭成员的问题，就需要改善家庭作为一个整体的功能。治疗师如果要找到求助者的问题根源，就必须了解他的原生家庭情况。

“自我分化”概念是鲍恩家庭理论的核心基石。它包括了两层含义——人际间相互依赖的程度和内在自我分化程度。自我分化指我们区分理性和感性的能力，缺乏分化能力的人，很难把理智和情感分开，也同样无法分化自己和他人的关系，他们非常容易被别人的意见、需求和评价影响。

在分化程度高的家庭，家庭中每一个成员都会对自己的感受、想法和行为负责，也能真诚地表达自己的真实感受，比如“我觉得很生气”，而不是把问题转移到别人身上“你让我很生气”。

父母也可以帮孩子发现自己到底想要什么，鼓励他们追求自己真正想要的东西，也就是让孩子按照自己的意识和判断确定自己的信念和价值，而不是迫于父母的要求或者照搬父母的观点。在这样的前提下，儿童依然和家庭其他成员保持紧密的关系，同时也实现了与家庭的心理分离。

在分化程度低的家庭中，儿童则必须被动地去回应、迎合、顺从其他成员，才能获得并维持别人的爱。如果父母之间存在观念上的差异，孩子还会在两种观念之间徘徊和纠结。

“三角关系”是鲍恩家庭治疗理论当中的另一个重要概念。一对一沟通是最直接的人际关系，但是当两个人的交流和互动无法达成一致、满足彼此需求时，就会拉进第三个人来缓解双方的矛盾和焦虑。这时候就出现了“三角关系”。家庭中非常普遍的“三角关系”的案例就是夫妻在权力斗争中试图让孩子站队，比如父母吵架，其中一人就把孩子拉进来，作为自己的同盟，“我和女儿都觉得你做错了！”

虽然母亲把孩子拉进自己和丈夫的关系中，确实可以减少自己的焦虑，但是如果这个家庭长期都是依靠这种方式来化解矛盾，父亲总是过错方，母亲总是受害者，女儿则是妈妈的援兵，那么家庭功能就会紊乱，最终会破坏家庭关系的基础。

第三个重要概念是多代传承。鲍恩从观察研究中得出结论：父母会有意或无意地将分化水平传递给下一代，下一代习得的情绪过程与父母相差无几。基于这个理论，鲍恩发展出家谱图（genogram）这一治疗工具，以此来收集与整合至少三代家庭成员的重要资料。

莫瑞·鲍恩作为第一个提出原生家庭治疗模型的学者，他的理论被广泛应用在后续原生家庭的心理治疗中，其中比较有代表性的是美国心理学家罗纳德·W. 理查森（Ronald W. Richardson）在他 20 多年的婚姻问题咨询、家庭心理治疗的工作中，全面深入且充分地利用了鲍恩的理论精华。

下面是理查森脱胎于鲍恩模型理论的原生家庭疗法的简单介绍。他的原生家庭治疗过程包括七个步骤，每一步都至少包含一项具体任务，完成所有任务以后才能进入下一步骤。

第一步，绘制家谱图——弄清你的原生家庭里都有谁，包括那些移居到别处，或者不和亲人联系的成员。也许你不知道这些人的存在，但是他们依旧会对你的父母产生影响，而你的父母则会对你产生影响。

家谱图是家庭成员信息的图形记录，应该包括所有家庭成员的姓名和年龄，家庭成员出生、去世、结婚或离婚的日期。家谱图至少应该涵盖三代，你，你父母的一代，还有祖父母的一代。

家谱图常用符号

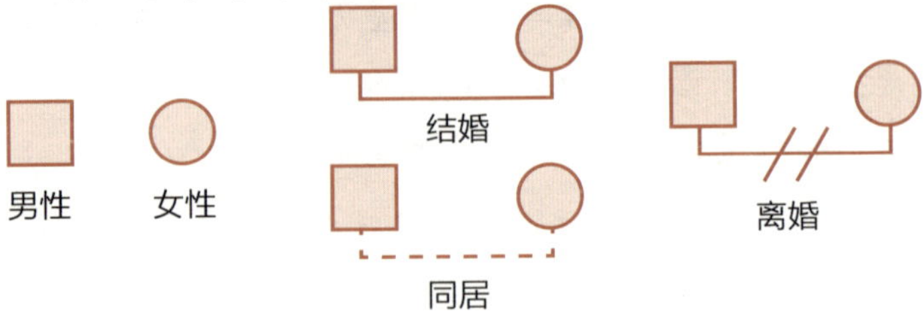

第二步，联系家庭成员——将绘制好的家谱图复印

人际间互动模式

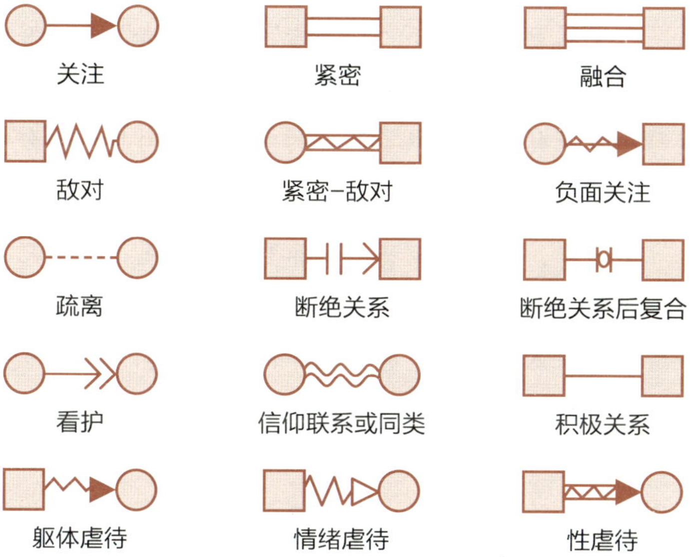

几份，发送给你的家庭成员，询问他们是否有需要修正和补充的内容。这一步骤可以帮你了解那些对你和其他家庭成员有重要影响的人物和事件，更重要的是让你和其他成员用一种温和而非对抗的方式进行互动，把他们一起带入到原生家庭治疗中。

第三步，创建包括三代人在内的“家庭编年史”——可以让你了解各种事件对家庭的影响，能帮助你更清楚地了解你出生时的家庭状况，以及你的出生给家庭生活带来的影响。

第四步，发现家庭内部的运行模式——将所有信息整合在一起并从中发现隐含的运行模式。发现家庭内部运行模式最好的方法是，研究家庭内部的主要“三角关系”，尤其要关注一下“迫害者”“受害者”和“援助者”之间的三角关系。从这些三角关系中，你要努力探究每一位家庭成员采取了怎样的模式来应对自己的分化不足和依赖性。

第五步，探亲和家访——你要回到家里搜集信息，根据之前所设计的问题向家人提问，观察家庭运行状态，并进一步深入了解自己在家庭中的位置。在家访搜集信息时，必须检验你之前获取的信息是否正确，还有对家庭体系以及自身角色的假设是否准确。另一个家庭探访原则是，无论家庭成员与你分享了什么故事，或是说了什么事，都不要质疑或者批驳他们。经过这一步后，你会发现自己能够以一种全新的、更开阔的视野来看待问题，甚至有可能重新评估你对自己的看法。

第六步，自我分化——完成研究工作，弄清自己在家庭中的位置以后，你就要着手改变自己在家庭中的角色。一切行动的关键在于改变自己，不是“我们”，也不是“别人”，不是希望家庭成员更加亲密、父母更加爱你。你必须先假定“家人不会改变，现在是怎样，以后也会怎么样”。在这个前提下，理查森列出了 24 条自我分化的行为清单：

1.在不冒犯他人的前提下,表达自己的立场和理念;

2.明确区分自己的想法和感受;

3.接受自己和他人之间的差异,并能应对差异带来的焦虑感;

4.接纳自己的信仰、立场和感受,不要求他人为自己辩护;

5.与亲人保持联系的同时可以真诚倾诉自己的想法;

6.按照自己认为有意义的方式去生活,而不是依从他人制定的规则;

7.为自己制定目标,而不是为了改善与他人的关系制定目标;

8.准确地理解他人的想法、希望和意图;

9.必要时与别人进行求同存异的合作协商,但必须同时考虑自己的目标和他人的想法;

10.在与重要成员建立的亲密关系中要保持自我,若与他们的关系疏远,则要充盈自我;

11.坦诚地为自己的错误负责;

12.学会清晰有效地表达自己的感情;

13.学会欣赏与享受自己与他人之间的不同;

14.放弃“非此即彼”的两分逻辑,不要一概而论地把家人分为“圣人”或者“恶人”；

15. 不要因为他人的要求、威胁或操纵而替别人承担责任，也不要威胁或者操纵别人来为你承担责任；

16. 避免冷嘲热讽；

17. 学会应对自己的焦虑；

18. 不要因为人际关系中的压力而流露过度的情绪，也不要被他人的情绪所操控；

19. 当你无法接受他人的所作所为时，不要被无力感吞噬，而要关注自己拥有的选择；

20. 不要把他人视为自己问题的根源，而要承担起自己的失落、悲痛、缺憾等情绪；

21. 不要为了自己高兴，而对他人应该做或不该做什么提过多的要求，也不能强求别人必须如何感受、行动或思考等；

22. 不要与家庭中的其他成员结成针对某些成员的联盟；

23. 与家庭中的每一位重要成员都建立公开、透明且一对一的联系；

24. 不要扮演迫害者、受害者或者援助者的角色。

如果想更深入地了解鲍恩的原生家庭理论以及家庭心理治疗方法，可以阅读罗纳德·理查森的《超越原生家庭》。

第七步，重做一遍——完成原生家庭心理治疗的任务并不容易，所以你要做好一切重来的准备。要知道罗纳德·理查森本人，也是花了十几年的时间才改变了自己与原生家庭的关系。

第一次接触原生家庭治疗的方法，可能会让你感到困难重重，感觉这是无法完成的任务，因为步骤中包括太多家庭成员。但是不用担心，在后续的章节，我会从更微观的个人疗愈和自我提升给出详细的建议，一样能帮你彻底摆脱造成失恋的根源症结。

7

第七章

总是担心他不喜欢我了
——告别自卑

一个人真正的幸福并不是待在光明之中，而是从远处凝望光明，并朝它奋力奔去，就在那拼命忘我的时间里，感受生命真正的意义。

——安藤忠雄

自卑者在恋爱里折磨自己，同时也折磨对方。

自卑者对于自我的评价是建立在外界评价上的，因此他们有一个根深蒂固的认知偏差——“我必须很完美，才会被爱”。他们非常担心自己在感情里犯错，这种忐忑和焦虑会让他们无限放大并错误解读爱人的情绪表现，他们在恋爱中不再是轻松享受，而是战战兢兢、如履薄冰。但同时，自卑者在感情里一个非常普遍的伤害爱人的行为就是，当感情中出现矛盾，他们并不会坦诚沟通，而会选择愤怒或者生闷气等的应对方式。这样他们可以抢占一个“受害者”的身份来指责对方，实质上是以此来让自己免受批评。因为自卑者内心太敏感，他们需要这个“受害者”身份作为自我保护。

当两种特征结合在一起时，自卑者就会在感情里表现出无比的敏感、不安以及攻击性。一个很小的细节，比如爱人的微信常聊名单里多了一个异性，自己就开始胡思乱想，随后便认定爱人对自己并不真心。如果站在爱人的角度换位思考，这种恋爱实在是太让人感到疲倦了，完全不知道什么时候会踩到自卑者的情绪雷区，爱人会忍不住在深夜长叹：“我到底做错了什么？我到底要怎么做他才会满意？”

如果自卑这个深层次的症结得不到解决，不管能不能走出失恋，那下一段恋爱还是会以分手收场。所以这一章的主题即为告别自卑。

一个自卑者的童年案例

爷爷重男轻女，在女孩出生后，拒绝接受她作为新的家庭成员。母亲没有经验妥善处理和父亲家庭的矛盾，反而加剧了矛盾。孝顺的父亲左右为难，母亲充满怨愤。从小父母就告诉女孩，他们之间争吵的始作俑者是她。父母忙于生计，女孩很小就被寄养在外婆家，女孩从小就被当男孩养，从来没有洋娃娃，没有玩具，没有生日，没有新衣服，也没有好看的辫子。

她唯一的慰藉就是读书，于是她成了大人口中永远灰头土脸的书呆子，和漂亮时髦的表姐们不一样。

小学五年级的时候，女孩很偶然地借阅了图书馆里的一本琼瑶的书，叫《新月格格》。她并不知道这本书讲的是什么，只是喜欢“新月”这个柔弱又美丽的意象。但是被班主任发现了，认定女孩“性启蒙过早”。那一天，女孩知道了“荡妇羞辱”和被同学另眼相看是怎样的一种体验。女孩的童年还有更多更悲伤的故事。那么，这个女孩在长大以后会自卑到什么程度呢？

这个女孩就是我。我想用最真实的人生经历来给你信心，自卑是可以被改变的；即便自卑无法被完全根除，那些不被肯定、不被接纳的记忆依然刻在骨子里，留在血液里，但通过理性的思维认知训练，它对我们生活的影响也是可控和有限的，更不会阻碍我们获得成功、幸福以及快乐。事实上，我很确定我比绝大多数人要活得通透、精彩和幸福，就算是拿最世俗和功利的标准来评判——有钱、有颜、有爱——我也知道自卑没有阻挡我交出好的成绩单。

在我们开始这一章节的具体内容前，请你一定要有信心，自卑不是绝症，更不是什么命运的诅咒。

自卑的根源

人生的绝大多数迷惑，都是因为认知偏差。自卑也是一种迷惑，是因为没有办法正确地看待发生在自己身上中性的事，永远会倾向于选择负面视角。更通俗地说，就是把和自己无关的事情，扯到自己身上来。

知乎有一个很多人关注的问题：“人可以自卑到什么程度？”有一条高赞回答说：“旁人在笑，都会觉得是在讥笑自己。”旁人在笑就是一件中性的事，因为旁人笑的原因有很多，可能是在聊娱乐八卦，也有可能在分享他们自己的有趣经历。但是自卑者无法客观地看到这件事的“中性”，他觉得“旁人在讥笑自己”，就自动冠上了与他个人有关的负面解释。但这并不是事实，这种感受和事实之前的差异，就是我们在此前章节所介绍的认知偏差。

自卑者的认知偏差同样会出现在恋爱相处中。男朋友露出了不悦的表情，自卑者便立刻觉得是自己有什么地方没有做好。但这也只是她的感受，她再一次对一件中性事件赋予了负面意义。如果男朋友无法觉察到问题的根源藏在自卑者的认知里，就会粗暴地认为自卑者充满着负能量，像暴风雨前夕乌云密布的天空让他闷得喘不过气来了。

所以正视认知偏差，就是我们告别自卑的钥匙。人生绝大多数迷惑行为背后都是认知的问题。因为认知错了，就会带来情绪上的困扰；而情绪的困扰又会体现在人的行为上，最终行为又进一步强化认知。一旦你能觉察到这一循环，理清自己行为背后的认知，你就拥有了一份超凡的思维能力，不仅仅能打败自卑，你还会迎接一个拥有强大复原力的全新的自己。

让我们回到自卑，自卑者常有的行为表现通常可以被总结为三类：

第一类表现，无法在遭遇挫折时客观评价自己的进展和成绩；

第二类表现，无法在社交关系中表达自己的需求，坚持自己的原则；

第三类表现，无法维系一段持久稳定的感情。

每一类表现背后都是一个个令人心疼的故事，但是沉溺在悲哀里并不能帮我们打破“认知—情绪—行为”的循环。只有正视每个故事背后认知偏差的共性，从源头入手，改变才能发生。

为什么总觉得自己比别人差？

“爱攀比”的标签常常被贴在自卑者身上，但这是不公平的。因为人这种社会动物就是通过与他人比较来获得自我评价的。问题并不在于比较，而在于对比较结果的解读。自卑者恰恰缺乏正确解读结果的能力。

一个认知正常的人，会知道自己和他人的比较永远不是客观和公正的。因为我们只能看到自己的内在，却看不到他人的内在。我们永远只是在拿自己的内在和他人的表象比。例如，我们在社交平台上看到精修过的网红美颜照片，却从手机前置摄像头里看到自己素颜的所有瑕疵；我们知道自己的银行账户余额、信用卡贷款，却没法判断朋友圈里那些炫富的人的真实资产情况。因为我们知道这是一场不公平的比赛，所以不会对比赛结果赋予太多重视和注意力。但是自卑者不仅看不到内在与表象的比较实质，还会被“放大缩小”的认知哈哈镜所迷惑；他们不仅无法发现他人光鲜表象之上的滤镜，更糟糕的是还对自己打开了前置摄像头，甚至拿起了放大镜。于是，痘印、毛孔、黑头、肤色不匀称、法令纹……所有的颜值问题全部暴露了；而别人呢，有着光洁如瓷器般完美的肌肤。这怎么可能不陷入挫败的情绪浪潮中呢？

如果是一个自卑的失恋者，他还会用上第二个放大镜，就是想象出来的前任对自己的评价。因为前任选择了新欢而不是自己，那关于新欢的一切都是无比美好的，他的认知无限放大关于那个神秘人的一切优点；而他根本意识不到，别说是内在了，就连前任的新欢在现实生活中的样子都未曾了解。

所以，当你情不自禁地想要和他人进行比较的时候，不用责怪自己，这不是虚荣，也不是浮躁，这是人的心理规律。只是请务必提醒自己，你在拿自己的内在对比他人的表象，不管结果是输还是赢，这都不是一场客观公平的较量。

修正错误认知的书写练习

了解了认知偏差，接下来就是详细且具体的改变方式，这就是我自己在成长过程中经常实践的书写练习。一旦察觉到自己有失望和自卑的情绪，我就会用这个练习来整理认知，反驳脑海中的自我批评。当认知变得明晰以后，情绪就会随之改变。

这个练习脱胎于认知心理学的一种治疗方式，我根据自己的实践体验进行了简化。练习很简单，却非常有效，能帮你识别情绪背后的错误认知，重新建立更客观和准确的自我认知。

这个练习叫作“旁观者游戏”。你需要一张白纸，从中心将纸分成两栏，每当一个负面情绪出现的时候，在纸的左边写下大脑里出现的自我评价；然后用一个旁观者的身份，这个旁观者可以是任何让你觉得亲近和信任的人——真实或者假想的朋友都可以，来分析这些自我批评是事实还是认知扭曲后的感受，然后写下他的判断。

下面是实际应用的举例：

自我批评	旁观者的判断
这个世界上没有任何人真的爱过我，我就是一个没有人要的人	不是事实。爸爸也很爱你，他只是不懂如何用正确的方式来表达爱；否则他不会为了给你攒学费，连烟都戒了
我27岁了，还没有结婚，我已经是剩女了，人生没有希望了	你27岁没有结婚，这是事实。但你没法预知未来，所以“人生没有希望了”不是事实。“剩女”也只是一个大众流行词，并不是针对你的标签

续表

自我批评	旁观者的判断
他不要我了，我毫无价值!	不是事实。你是一个很温暖的朋友、很负责的同事，你给身边的人带来了很多支持和贡献，你有很大的价值。他其实也只是人海中最普通的一员，他的喜好并不能成为评价你的权威
每一次都是我被甩，我肯定是不值得被爱的那个人	感情没有成功是事实，但恋爱失败的原因有很多种可能。就算都是因为你做得不好，恋爱也是可以后天学习的一门功课，并不能因为几次失败就判断你是不是值得爱
我居然做了那么蠢的事，大家一定在笑话我!	这件事确实做得不聪明，以后不要重复就行。热搜的新闻过几周大家也就忘了，你的事也不会有人一直记得的

一定要用纸和笔来进行“旁观者游戏”。因为书写可以帮助你保持距离，更客观地分析自己的想法。不要只是在大脑里想着辩护词，这样你很容易被无端出现的各种情绪打断思路。

有时，你的大脑里会充斥着关于自己强烈的负面情绪——“我是个废物！”“我是个坏女人！”也许你会发现很难去反驳这种情绪化的攻击言语。这时候你可以问自己“为什么”，为什么觉得你是个废物？为什么觉得你是个坏女人？用这样的方式来找出自己情绪的来因，随即你就可以继续用“旁观者游戏”来清理扭曲的认知。

有时你也会发现，在白纸的右栏你什么都写不出来，这时候不用勉强自己，可以先休息一下。之后在你觉得舒适的时候，想象在一个令人放松的、和好友见面的场合，他向你诉说了那些糟糕的故事，你会如何劝解安慰他，带着这样的感受再来当你自己最好的朋友。

也许你会怀疑，这个方法真的会有用吗？我会在第十二章详细介绍“旁观者游戏”背后所蕴含的认知疗法。在此之前，请你先开始行动。每一次当情绪出现，你就用纸笔记录下自己大脑里的消极思维，然后召唤理性来进行回应，很快你会发现你对情绪的觉察能力在提高，认知也变得越来越明晰。

当然，认知改变是一个持续的过程，我们找不到一个开关或者某一行代码，可以瞬间清除掉所有的认知错误。在这个过程中，你可能还是会被自卑、负面、消极的情绪所困扰。当感受到负面情绪涌起时，不用去反抗它或者压抑它，与它和谐相处，按照你的喜好，用行动来疏导——可以是看电影、做家务、享受美食或者逛街购物。我们在之前的章节已经探讨了，情绪的来去都是非常正常的现象，你唯独不需要做的就是被情绪控制而做出让自己后悔的事。

所以做完“旁观者游戏”，你不会也不应该要求自己立刻就恢复到开朗快乐的状态。如果悲伤还在，就按照“失恋后行动指南”的内容，做让自己开心的事，看电影、听音乐，或者躺在床上什么都不做。你只需要记得，每天分配十几分钟来聆听你大脑里的声音，困扰你多年的自卑情绪的命门就会很快暴露，进而你会找到告别自卑的钥匙。

影响自尊的三大因素

阅读这本书的你其实可能很优秀，却暗自觉得自己晦暗无光。在生活中我们也常常会遇到完全相反的例子，有些人看起来平平无奇，却充满了自信。因为除了认知因素外，还有两个因素会影响人们的自尊水平，一个是生理因素，另一个就是行为因素。

生理因素，就是睾丸素（又称睾酮）。这是一种由男性的睾丸或女性肾上腺及卵巢分泌的激素，一般男性体内的睾丸素水平要高于女性。简单来说，睾丸素越高，人就越自信。如果睾丸素水平非常高，就会抑制理性思考的能力，增加我们对直觉的依赖，从而对自己更深信不疑。“迷之自信”就是这样形成的。行为因素则指在实际生活中我们因战胜了挑战、实现了目标、取得了成就而逐渐建立起来的自信。

当我们了解到自信和自卑的底层影响因子——认知、生理、行为，找对了源头，改变就很容易。

如果认知因素无法让我们正确地认识自己，那么“旁观者游戏”这个书写练习能帮我们逐步修正认知，用更客观的视角看待自己。

如果低自尊的成因是睾丸素水平过低，那么能快速有效提高睾酮水平、增加自信的方法就是运动。竞技运动员的睾丸素水平一般都高于普通人，一些优秀的女运动员，其睾丸素水平甚至是超过普通男性的。我们也能变相理解，参加竞技比赛必须自信，否则还没上场就已经认输了。仅仅几分钟的运动，除了提高睾酮水平，还能转移我们的注意力，中断过度自我关注的精神状态，同时降低我们身体里的压力激素皮质醇，缓解自卑带来的焦虑和负面情绪。

剩下的便是行为因素，你可能会认定这是最难改变的一个因素。毕竟自卑的人会认定自己什么都做不好，也不敢去争取机会，还怎么通过取得成就和成绩来培养自信呢？这个矛盾用认知疗法就能解决。

一事无成的人如何告别自卑？

如果你熟练掌握了认知错误的十种类型，就会意识到“一事无成”这四个字本身就是一种认知错误。因为它不是事实。但是这种认知错误，会让你进入到糟糕的恶性循环里，最终让“一事无成”成为自证预言的现实。

因为觉得自己一事无成，一旦遇到难题就自动认定自己克服不了，而挫败的情绪让人更容易放弃。这样行动又强化了错误的认知："看吧，我果然一事无成！"

"旁观者游戏"同样适用于修正"一事无成"的错误认知。通过对"自我批评"想法的理性驳斥，可以帮你从扭曲的认知里回归到真实的世界。

实际应用举例：

自我批评	旁观者的判断
我做什么都不行，我果然是一个一事无成、浪费粮食的废物！	你完成了基本的教育，你有学习和领悟的能力，你可能觉得自己没有什么技能，但你也没有规划过到底要掌握什么技能，也没有给过自己更多尝试的机会

当我们从"自我批评"的扭曲认知里脱身，进入到真实的世界之后，就要去规划想要做成的事情、想要实现的目标到底是什么，这样改变就有了清晰的指引，而不要继续在情绪风暴里迷失方向。

我曾经和 THE 9 女团的明星谢可寅进行过交流，即便是美丽、开朗如阳光的她，同样也会经历努力了也无法实现目标的挫败情绪。所以你并孤单，也不用气馁。在修正"自我批评"的扭曲认知后，下一步你要做的是通过"反馈""奖励""助推"等心理学技巧来一步步接近心中目标，并在这逐步接近的过程里建立自信、肯定自己。

"反馈""奖励"等是相对于完全依靠意志力而言的。

人类的意志力是消耗品，这是 20 世纪心理学界关于意志力的重大发现。全球权威心理学家罗伊·鲍迈斯特（Roy Baumeister）做了一个经典实验，他将参加实验的学生分成两组：一组可以吃到美味的巧克力曲奇，另一组只能吃胡萝卜。接着鲍迈斯特让两组学生同时去解答一道难题，他发现，吃巧克力曲奇组的学生平均坚持了 19 分钟才放弃解题，而只能吃到胡萝卜的实验组，平均坚持了 8 分钟就无法继续。

对于这个实验，鲍迈斯特解释说，意志力就像肌肉一样有它的极限，它在被使用的过程中会渐渐疲惫。所以吃胡萝卜的同学控制不吃香气扑鼻的饼干时，已经耗费了他们大量的意志力。鲍迈斯特把这种现象称为意志力的“自我消耗”——每个人的意志力都是有限的，当各种脑力活动让意志力出现自我消耗时，再进行自我控制就会变得困难。

所以如果通过取得成就、实现目标来告别自卑，我们就需要找到意志力的替代品。

第一个替代品：反馈和奖励

不需要老师的要求或者家长的督促，很多孩子就会沉溺于电子游戏中。因为游戏设置了频繁的反馈和奖励机制，而且往往是让玩家出乎意料的惊喜奖励，专业术语叫“不定律强化机制”。

这样的机制设计可以打通我们大脑当中的“奖赏通路”，

激活多巴胺的分泌。在“多巴胺陷阱”章节里我已经介绍过，多巴胺就是我们大脑天然的奖赏机制。因为有了奖励，人们便会产生渴望并主动采取行动。这样便不需要调动意志力来控制自己，自然也不会消耗意志力。

我们在现实世界同样可以借鉴反馈和奖励的机制。方法其实很简单，就是把所定下的目标拆分成几个易于实现的小目标。比如，如果你的目标是告别自卑，接纳自己的优点和缺点，那你可以按照影响自尊的三个因素，把这个大目标拆成三个小目标。

1. 每天花 15 分钟时间，写下一个对自己的负面攻击念头，然后根据“旁观者游戏”的规则，写下理性的反驳；

2. 每周进行 60 分钟的运动，可以合并计算每天的运动时间；

3. 每周跟着自己的兴趣爱好，通过互联网深度学习一门学科，不管是天文地理、人文科学还是历史自然，都可以。

这样的目标拆分有两个好处，第一是降低了大脑对于任务难度的感知。毕竟“告别自卑”这四个字听起来就是一项宏大的工程。如果我们的大脑觉得困难，就会产生消极情绪，而这样的消极情绪会大量消耗意志力。更重要的一个好处是，拆分目标让更频繁的正向反馈成为可能。每一天、每一周完成目标里的任务，你都可以奖励自己吃一次甜食，或者清空购物车里的一件心仪好物。

运用反馈和奖励机制可以帮你进入到积极循环中，让你的行为自动朝着好的结果发展：做简单的事——实现了目标——获得了正反馈和奖励——更渴望、更投入——更加擅长，任务也变得轻松——实现目标——强化自我肯定——告别自卑。

第二个替代品：助推

2017 年诺贝尔经济学奖得主理查德·塞勒（Richard Thaler）提出了“助推”的概念，来阐释不需要强制性手段就能巧妙引导人们作出更理性、更有益于个体和公众的选择的一种机制。比如，男厕所里的乱尿行为在全世界范围都是清洁工的噩梦，虽然厕所也张贴了各种标语和提醒，但是收效甚微。荷兰阿姆斯特丹机场就利用“助推”效应做了一个简单的改变，在机场的男厕所的每一个尿池里刻了一个小苍蝇，结果乱尿现象立刻减少了 80%。

助推正在被全球政府运用在公众健康等政策的试验上。比如把地铁楼梯改装成钢琴琴键的样子，把垃圾食品摆放到超市货柜的上层，让民众多运动，少吃不健康食品。

我们同样可以利用助推的研究成果，在不消耗意志力的前提下实现个人目标。多数人都会希望自己可以合理管理财务支出，也信誓旦旦地决定每天记账。头几天确实如计划那样事无巨细地记录每一笔开销，但是很快就无法坚持，记账

APP 也成了闲置软件。因为每天记账就是必须调动意志力进行自我控制才能完成的任务，时间一久意志力被消耗了，任务也就停止了。如果换成助推的做法，就是所有在线支付 APP 只绑定一张有限额的银行卡，其他一切照旧，反而会在潜移默化里实现消费的控制。

助推背后的真谛就是充分利用人性中都有的懒、怕麻烦、好奇心等本能，以此避免意志力的参与。我在日常生活里也会利用“助推”效应，比如我的厨房里找不到精制米面的踪迹，手机也没有安装外卖 APP，但是冰箱始终会有即食鸡胸肉，这样很自然就限制了碳水的摄入量。

在执行“失恋后行动指南”清单时，助推同样适用。比如，隔离与前任的接触，仅靠意志力来挨过失恋后汹涌澎湃的思念对所有人来说难度都太大了；那提前删掉他的社交联系方式，或让朋友随机更换通讯录中他的手机号码，以此增加找到对方的难度，也是潜移默化帮助你实现“不联系”目标的方式。

结合使用以上两个替代品，就能增加我们完成既定目标的概率，自然也能在现实行为中找到肯定自己的依据，逐步打破“一事无成”的迷思。

拒绝精神内耗

我们总会以为成功是逆袭，是翻盘，是有朝一日拜相封侯，但绝大多数的成功需要日积月累、脚踏实地的行动。告别自卑也一样。很多人渴望“醍醐灌顶”的体验，如同武侠小说里所描述的那样，因为读了某本书，听到了某个知识点就瞬间悟出了武功绝学，打通了任督二脉，功力大增，脱胎换骨成为一个自信明媚的人。但是从心理学角度来看，如此神奇的知识并不存在，比起知晓理论，更重要的是行动。

即便我们对影响自尊的三大因素能倒背如流，但我们不真的采取行动，去书写“旁观者游戏”、去运动、去设定并完成目标的话，也依然无法改变自卑的状态。然而，自卑者与行动之间还有一个障碍物——精神内耗。自卑者在开始做任何一件事之前，就已经在内心思索无数遍，万一这件事没有做成，自己会被如何嘲笑，也会无来由地揣测别人能否接受自己的表现。情绪被影响，行动力丧失，导致自卑者常常在原地打转，或者把本该轻松简单的事弄得沉重又复杂。

人之所以会受困于精神内耗，原因大概有四类：

1. 过度的自我关注——如我此前所介绍的拿放大镜看待自己的所有表现，尤其是其中的缺点和不足，背后的成因是低自尊与高敏感；

2. 灾难化思维——这是十大认知偏差之一，只要在执行中存在一点瑕疵，精神内耗的人就会想象出非常可怕的结果；

3. 关注过往和未来，而不是可控的当下——精神内耗的人会沉溺在对已发生之事的后悔或对未发生之事的担忧中，在情绪拉扯中只能裹足不前；

4. 完美主义——这也是自卑者的一个常见特征，因为内心缺乏对自我的肯定，也就只能把自我价值完全建立在外界的成就上，任何一个不如预期的表现都有可能让他觉得自己是个失败者，因过于担心反而不敢轻装上阵，接受新的改变或者任务挑战。

聪明的你或许已经发现了精神内耗的根源也与认知错误有关。正如可以用“旁观者游戏”的书写练习来学会修正扭曲的认知一样，如果能行动起来，相同的方法不仅能帮你告别自卑，还能帮助你摆脱精神内耗的困扰。在掌握自我认知的书写疗愈方法之前，你还需要一款速效药来克服精神内耗，那就是投身行动。

精神内耗的最典型表现就是思绪万千，却迟迟不行动。就好比厨师不断地分析食材，揣测客人的口味，担忧自己的厨艺表现，却始终不热锅也不下油。厨师的拖延除了完美主义、过度自我关注等，还有一个原因就是他在等自己进入好的状态——对食材感到满意了，对顾客口味了然于胸了，才会开始烧菜。而这个表现背后恰好是另一个极其普遍的关于行动的认知错误：我们一般都以为要先有动力，再有行动，必须等自己的精神内耗结束了，再去行动。

但关于行动的真相是：先有行动，再有动力和状态。真实的行动过程可以归纳为：行动——动力——更多行动——更多动力。当我们开始行动以后，精神内耗就会在行动的过程中自动消散。还以厨师为例，当开始烧菜时，他就必须观察油温和火候，得掂勺并调味了，这时候无论他有多少次做饭失败的糟糕回忆，也无论他的内心对客户能否满意充斥着多少恐慌和焦虑，他的思维和关注点都被行动拉到了“当下”。

所以，只需要牢记关于行动的这一个知识点，你就会知道如何应付每一次突如其来的精神内耗，不让它影响我们修正认知、告别自卑的计划。然后再以同样的认知疗法，慢慢整理、解析、疗愈自己内心的种种症结，从源头上彻底告别精神内耗。在用行动消除精神内耗时，也可以应用反馈和奖励机制，化整为零，把复杂的任务分解成几个容易执行的计划，降低开始行动的难度，同时也让高频的自我奖励得以实现。

对大脑中的“放弃”念头进行理性反驳，同样可以帮助我们开始行动。这里我就要给大家介绍第二个书写练习——“利弊辩论”。

当你想要改变，却受制于精神内耗，因为担忧、焦虑等原因迟迟无法开展行动时，你不需要强迫、命令自己去做，可以先顺应大脑里情绪化的感受——“我不想做”，接着围绕这个“不想做”进行利弊的书写辩论。

比如我个人，因为从小是在孤独中长大的，所以至今也不太擅长和陌生人打交道，当收到行业会议或者聚会等邀约，我下意识冒出的念头一定是拒绝，第一反应就是自己去了也只能全程站在角落里尴尬。

但我已经养成了不立刻回应的习惯，会给自己留一些时间去考虑利弊。我会在一张空白的纸上分两栏，左边写下顺应内心的犹疑而拒绝社交邀约的好处，右侧则写下拒绝的坏处。

我的“利弊辩论”书写示例：

拒绝活动的好处	拒绝活动的坏处
很简单，不用考虑到时候要怎么表现，不会尴尬，也不会出错	拒绝虽然简单，但是如果每次都拒绝，我就不可能认识新的同行，那么以后任何活动我都不会有熟悉的朋友。除非我决定拒绝所有的活动自我边缘化，否则总归是要面对的，倒不如从这个并不那么盛大、重要的活动开始，就算全程站在角落里，也不会有什么糟糕的影响

这样的一个书写方式可以帮你终止大脑当中不切实际的灾难化思维，转而关注到行动的当下，再由理性主动做出判断与选择。同时，列出不去行动的利弊，也能将强制命令自己的“我应该”转化成“我想要”。当我们的大脑充斥着命

令式的言语——“我应该”来强迫自己的时候，意志力自然会被消耗，反而会带来更多的拖延和逃避。思维习惯和认知修正都应该是温柔渐进的，把命令自己换成尊重自己，给自己自由选择的权利和感受，也是拥抱自信的重要步骤。

只要坚持通过书写训练整理认知，你就会慢慢迎来情绪的平复以及理性的回归。你会自觉地发现曾经的畏惧和退缩，归根结底是害怕做了也会失败，于是说服自己“不做”，习惯用拖延逃避、贬低自己来让自己“不做”，用想象出来的最糟糕的后果来恐吓自己“不做”。

“不做”并没有什么好处，“去做”也不会有什么灾难。做了以后，你就能向前迈出具体的一步。一开始你的步伐可能很小，只能去做一些小事——比昨天的自己多学一点儿、多运动一会儿、多夸奖自己一句，但是超越自我、改变自我的勇气和力量，就蕴藏在这些小事里。

从自卑走向自我接纳

也许你已经尝试了“旁观者游戏”的练习，但你发现在纸的右侧你迟迟不知道该如何落笔。那些指责、贬低自己的念头听起来都那么不容置疑，以至你在内心暗暗认同：“我就是一个差劲的人，这就是最真实的事实。”所以你无从反驳。但即便你身处这种情况，依然可以告别自卑。解决办法是：

正视自己——接纳自己——提升自己。

正视自己，是关于认知的，即要客观地分析、看待自己，清楚自己的优势和劣势。不盲目自信，也不盲目自卑。接纳自己，是既接受自己的好，同时也承认并接受自己的差。当你承认和接受以后，你就能平静地和它们相处。

假设咪咪的外貌逊色于平均水平，任何诚实的人都不得不遗憾地认同她没有什么魅力。于是，她在“旁观者游戏”书写练习的自我批评栏写了如下的内容：

自我批评	旁观者的判断
我好丑啊，我丑死了，我真的没有任何吸引异性的地方！！	

看上去她写的自我批评很客观，毕竟咪咪就是一个丑女孩。但是如果我们对她这个念头进一步询问就能发现，这段自我批评并不是客观事实，只是自我厌弃的情绪。

——为什么你觉得自己很丑呢?

——我就是觉得自己很丑，这就是事实。

——是哪些地方让你觉得自己很丑呢?

——我的皮肤、我的身材，还有我的近视眼。

虽然到这里咪咪对自己的外貌依然毫不自信，但从全盘否定到能列举出自己在皮肤、身材等不尽如人意之处，咪咪已经开始正视自己了。

只要正视自己，就开启了接纳自己的大门，因为钥匙就藏在一个很简单的问题里：是的，我在长相上有天生的不足，但是也许，我可以做点什么？

你看，只要你能平静地正视自己的"差劲"，理性就来了，伴随着理性而来的就会是有效的行动和积极的改变。

那个对外貌感到无比自卑的"咪咪"就是曾经的我。我的出身很普通，甚至可以称之为"家境贫寒"。自卑是从这种家庭成长起来的女生常有的心理特征，在成长中的很长一段时间里我都深受其扰。但通过认知修正和有效的行动，原生家庭带给我的这个消极印记已经彻底从我的生命里消失。

亦舒的《喜宝》里有一个细节我一直记得：女主角出身贫寒，但是她的妈妈会拆了礼品盒的绸带为她系蝴蝶结。当时读到这里就特别羡慕，因为在我的童年记忆里，父母从来没有给我梳过辫子，没有给我买过新衣服，更没有教过我化妆和打扮。小的我就是一头男孩子的短发，穿丑不拉几的运动服，而且因为从小视力不好，小学的时候就成了班上第一批"四眼田鸡"，青春期的时候又陷入了"战痘"泥潭。我的父母也不具备儿童教育和儿童心理的知识或者经验，往往毫不遮掩地评价我的"难看"，还在亲戚和外人面前用"书呆子”来形容我。

这样的成长经历让我带着非常严重的自卑心理迎来了我的成年礼，而且这样的自卑又偏偏聚焦在对于女生很重视的“颜值”问题上。形象是他人评价我们的第一个标准，不管我内在多有魅力，我都没有办法消解外貌在人际交往初期的影响。对外表的自卑，可以算是原生家庭留给我的一个很大伤害，可是我再哭诉，再怨恨父母，也不会因此就变得漂亮。所以度过 18 岁的成人礼以后，我告诫自己不能继续责怪自己的父母或者成长环境，因为过去不是我可以选择和改变的，今后我必须要为自己的外貌负责。

改变的第一步就是正视自己，理智地分析自己外表的优劣。我对自己长相的客观评价是：五官没有大瑕疵，眼睛是加分项，属于看上去很聪明且有灵气的那种；但一个巨大的扣分项就是肤质问题，我的皮肤遗传自我爸爸的基因，底子要比一般女生差很多。另外，因为我的动手能力非常差，所以化妆技巧很难在短时间内获得提高。

有了理性分析后，下一步就是有效的行动。有效行动的关键就在于化繁为简、抓大放小，而不是事无巨细地全面改变，否则这样的改变任务太难了，很难不遭受挫败，结果让自己进入意志力不断被消耗的局面。按照这个原则，我制定了外貌提升策略，弥补最明显的缺点，发挥个人的最大优势。

在脸部管理上“重护肤，轻彩妆”。卸妆、防晒和补水是我最重视的护肤步骤，但我不会跟风尝试各种新款美妆风格。

身材管理和穿衣搭配上，我的行动思路也是一样的，抓大放小。我的身材比例是好的，但骨架大，所以我通过健康饮食和健身长期保持较低的体脂率。当我正视到自己大骨架、行为举止上略带男生气的特点后，在服装搭配上我便不会尝试娇小软萌的风格，而会选择更适合我的简洁的欧美风格，且从大学起几乎我所有的衣服都以纯色系为主。这样利落的造型，不仅有利于我后续的个人事业发展，也凸显了个人特征。结合我眼神灵动的优势，我给人的形象是高级的，但不是冷淡和有距离的。

就这样，我通过理性分析制定行动方向，通过有效行动逐步提升自己的外貌形象，在改变的过程里也陆续收到他人对我外表的赞美，也因此逐步建立了自信。这就是高自尊背后的“行为因素”以及心理学“正反馈效应”的魔法。

关于自卑还有一个很多人不知道的小秘密。

世界上绝大多数人内心并没有清晰且确定的标准，所以在个人魅力这种并不存在客观标准的问题上，你越自信，越容易影响他人。当你认定自己很好看、魅力四射的时候，就会发现越来越多的人开始附和你，觉得你很好看。因为我在社交媒体上有视频账号，有时也会收到一些并没有恶意、对我的外貌提出建议的私信，比如有人会提醒说我牙不整齐，建议我去矫正。但是只要我回复他们：“我不靠脸吃饭，不需要十全十美，我现在的样子已经很好看了。但是还是要谢谢你的建议！”绝大多数人都会回复：“嗯，是很好看了。”

因为绝大多数人都有跟随强者的心理，所以你越自卑，越会被更多人打压，这样他们就可以从你身上获得证明自己是正确的快感。所以，即便你还没有完成自我成长，没有完全地告别自卑，但在面对外人的时候也要摆出自信的样子，用英语来表述，就是“Fake it till you make it !”只要表现得自信，即便是假装的，也会让你收到很多正反馈，进而会推动你真的成为一个自信满满的人。

这个秘密技巧，在你还没有彻底走出失恋前，也一样适用。

有时我也会想，如果我可以从小在父母身边长大，可以拥有一个亲密无间的幸福家庭，能成为一个天生就内心温暖笃定的女性，那该有多好。但反过来想想，正是童年的孤独和缺爱，培育了我超乎常人的感知力，我能从文字里就轻易读到作者的情绪，在欣赏音乐和电影时也能获得更为丰富而细微的情绪共鸣。这种能力也在职业生涯里给了我很多助力。

昨日之事成就今日之我。那些自卑和缺爱，成就了我丰富和有趣的人生，让我学会了用理性之光引领人生前行路，也是我成长至今心灵获得的最有意义的经验，我分享给你。

8

第八章

一心动就降智，一恋爱就上头
——超越“恋爱脑”

当对幸福的憧憬过于急切，那悲伤就在人的心灵深处升起。

——阿尔贝·加缪

许多失恋者在总结恋情为何结束时，会给自己贴上“恋爱脑”的标签。因为自己一恋爱就把精力和心思全部放在爱人身上，单身时的积极独立状态全无影踪，唯独剩下患得患失、喜怒无常还有作天作地。

即便时光会平复他们失恋的痛苦，他们进入新的感情后还会重蹈覆辙。与爱人有关的念头，不论好坏无时无刻不在侵占他们的大脑。谈恋爱占据了他们生活的绝大多数时间，爱人成了高于他们自己生活的存在，他们把一切觉得好的事物与爱人分享，却不会考虑爱人的真实需求和边界感。

这种过度的亲密严重破坏了他们自己的日常规划，事业心消失了，学业荒废了，更有甚者，在工作、考试上频频出错，索性彻底躲进恋爱的粉红色泡泡里，让“你是电，你是光，你是唯一的神话”成为自己的人生主旋律。

如果爱成了人生唯一，自然也就无法再以平常心去看待本质应为“爱情实习”的恋爱体验。他们能迅速地把每一段恋情都谈成青春疼痛文学，爱人的无心之举或者无心之言都能牵动他们的情绪，让他们脑补出一场场撕心裂肺、哀哀欲绝的大戏。

如果期待彻底走出失恋，那告别“恋爱脑”就是我们必须完成的任务。解决任何迷惑，最关键的一点就是正视困扰我们的那样东西。所以我们首先要弄清楚“恋爱脑”到底是什么？

“恋爱脑”的神经学解释

美国神经学家保罗·麦克里恩（Paul MacLean）提出过“三重脑”的大脑结构理论。他根据进化顺序把人类的大脑分为爬行动物脑、古哺乳动物脑（也叫作边缘系统）以及新哺乳动物脑（也叫作新皮质）。

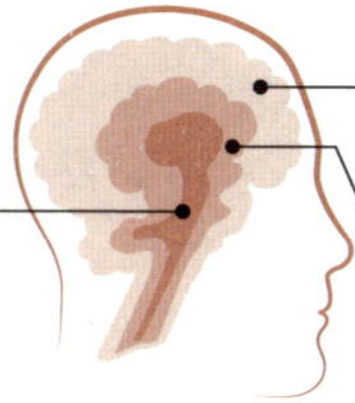

爬行动物脑，只处理最简单的生存需求；而像爱、愤怒等更高级的情绪，就在古哺乳动物脑，也就是边缘系统里进行处理。“恋爱脑”的秘密就藏在这个边缘系统里。

为什么有的人一进入恋爱，就像变了一个人，受困于各种负面情绪？因为他们被边缘系统里的“杏仁体”控制了。

杏仁体是大脑颞叶内侧左右对称分布的两个形似杏仁的神经元聚集组织，专门负责焦虑、悲伤和恐惧这些糟糕的情绪。因害怕失去对方而整天要在一起，以至不能正常学习和工作；连环语音追问男友，到底爱不爱自己；对方提分手了不肯接受，守在他家门口求挽回……这些都是一个人被杏仁体控制后，负面情绪爆发后的表现。所以，脑神经科学家把杏仁体比喻为“人类情绪的车祸现场”。

当我们正视“恋爱脑”，去客观深入地了解“恋爱脑”的成因时，就能知道，边缘系统存在于我们每个人的大脑里，每个人都有永远在制造负面情绪的右侧杏仁体。所以，“恋爱脑”并不是特定人群才有的病症，更不会是一种无法治愈、无法改变的“恋爱绝症”。

也许你会疑惑，杏仁体带来了如此不良的情绪体验，那为什么人类在进化中保留了杏仁体？总结来说，情绪是和生存有关的，情绪包括负面情绪都是我们人类赖以生存的必需品。比如，如果恐惧从我们身上消失，在我们遇到迎面冲来的野兽时，就不会想到躲避；我们误食了野外的毒草，致使腹痛而感到痛苦万分，这种负面情绪就会在我们的记忆里留下印记，我们就不会再随意采摘野生植物。

所以，情绪是人类和动物都有的本能反应，我们无法，也不应该试图去压抑它。但同样，我们也需要认识到边缘系统是一个非常原始和动物性的生存模式。也就是说，如果我们只用大脑的边缘系统，那我们的生命其实和动物没有任何区别，只会进食、玩耍、打架、逃跑、躲藏、做爱、睡觉……

除了杏仁体所在的边缘系统，我们人类的大脑还拥有更高级能力的新皮质，也正是新皮质所特有的“学习、反思和改善”能力才让我们区别于动物。这也解释了为什么虽然杏仁体存在于每个人的大脑，但是依然有很多人可以理性地面对恋爱或者接受分手。所以，你是否愿意邀请新皮质加入你的生命，这个问题的答案将决定你是否可以告别“恋爱脑”。

弱者思维

如果从神经学视角来看待失恋，就是当一个人在一段不适合的关系中受到伤害时，他们的边缘系统就会制造情绪，让他们感到痛苦、悲哀和愤怒。但与此同时，人类大脑中新皮质的反思能力也会发挥作用。他们会通过对这段关系的反刍，总结出恋情失败的原因，由此也更了解自己与爱人。

当具备理性思考特征的新皮质参与其中后，他的情绪也归于平静，并且接受这段恋情的结束，认可对方确实不是适合自己的人，并会在未来的择偶与相处中规避同样的错误。于是，在一段或长或短的时间以后，他真正走出了失恋，让这段恋情平静地成为过去。

神经学探索的结论与心理学的“认知循环”以及“创伤后成长”理论相互呼应，而新皮质对应的正是利用理性修正认知错误的力量，即认知产生情绪——情绪激发行动——行动强化认知。在恋爱关系中，一旦可以消除“恋爱脑”背后的错误认知，自然也就能缓解由此而生的患得患失、不安、焦虑的情绪。

“恋爱脑”所代表的负面情绪背后的认知成因是“弱者思维”。当一个人在内心认定自己是关系中的弱者，就无法就事论事地去看待爱人的需求和表现，而会把相处时的每一个风吹草动都定性为自己被厌恶、被抛弃、被劈腿，从而深陷杏仁体操控下的自卑、焦虑、患得患失的负面情绪。一旦有了这样的情绪，他就必须去找爱人来反复证明对方对自己的爱，用行为继续强化自己果然是个“恋爱脑”的错误认知。

一旦进入这样的负面认知循环，那恋爱失败几乎就是注定的事，分手也只是早晚的事情。当他必须面对“即将失去”时，一定无法平静接受；在面对“真的失去”时，他又会继续掩耳盗铃、自欺欺人，拒绝承认失恋分手的客观现实。

对于不存在“弱者思维”的人而言，失恋只是人生当中许多人都会有的经历；但是对于具有“弱者思维”的人而言，失恋就如同正常人遭遇死亡般恐惧，拼死命也要抓住一根救命的稻草。

超越“恋爱脑”

破除“自己是弱者”的错误认知可以分三步走：

第一步，观察并客观记录自己的想法或行为；

第二步，分析这些想法或行为背后的认知，判断这些认知是把自己当成弱者还是强者；

第三步，思维模式的调整，设想自己是强者，会如何反应。

这三步的认知调整可以通过我设计的“认知地图”书写练习来实现。之所以取名叫“认知地图”，是因为只有用对地图，我们才能快速且顺利地抵达目的地。既然想要成为一个理性、情绪稳定的强者，就应该先知道强者的思维反应模式。

“认知地图”分为三列：在第一列你需要记录自己的想法或行为；在第二列你需要对这个想法或行为进行判断，即这是强者还是弱者会有的想法或行为，并写下你的判断依据，这一部分你的判断依据越详细和具体越好；如果你判断这是弱者的表现，那么你要在第三列写下换作是强者会如何看待你的想法或行为。

当你去实践这个书写练习，就会发现其实只要完成了第二步，你就已经调动了大脑的新皮质，用理性对待自己了，并能在情绪上获得巨大的平缓。在下面的示例中，我会选取分手后“弱者思维”里最常见的四个观点，进行对应分析。

“认知地图”书写练习示例

我的想法/行为	它是强者/弱者的思维？为什么？	强者会怎么想？
毕竟他是爱我的	弱者思维。因为没有自己的原则和标准，也不清楚自己喜欢的人是什么样子，只是被人牵着走的人，才会有这样的想法	强者有清晰且强大的自我，认为别人是否会爱自己、追求自己并不是最重要的。关键在于对方的人品、行为、外貌是否真的符合自己的择偶标准
渣男会不会遭报应?	弱者思维。自己遇到了糟糕的人，却无能为力，只能相信“善有善报，恶有恶报”的玄学，让老天来帮助自己。而且她也不确定老天是不是真的会帮自己，所以才会有这样的疑问	强者的为人处世是以自己为中心出发的。如果她确实很愤怒，决定不原谅，那么她自然知道渣男是否有报应的答案，并不会有迷惑；如果她已经决定让往事随风，那么她也知道，内心脏的人闻得到自己的臭味，渣男最大的报应就是他一辈子都要和那个不洁的灵魂贴身相伴，而早早与对方分道扬镳反而是自己幸运和智慧的证明

续表

我的想法/行为	它是强者/弱者的思维？为什么？	强者会怎么想？
如果我提分手，他一定会改的吧	弱者思维。分手应该是一个自主决定，如果确定了就会坚持，而不是取决于对方的反应。对方道歉了，承诺了，就改变自己的想法，这样还是内心被别人牵制的表现	强者有原则和底线，不会轻易提分手；但如果提了，那一定是对方已经做出了违背自己原则、突破自己底线的事。所以也不可能因为对方口头上的承诺就轻易改变分手的决定
虽然我们分手了，但我在提升自己，拿更好的自己证明给对方看	弱者思维。提升自己是一件好事，但是这个想法聚焦的中心点依然是他人，在用某一个人的喜好来决定自己的价值	强者很清楚自己的价值，别人的反馈只是参考和建议，并不能成为决定性因素，所以也不会有“证明自己”的想法。就像爱马仕品牌，不可能去找没有购买意向的客户，用珍稀鳄鱼皮的新款包包向他们“证明”自己的优秀

“恋爱脑”有它烦人的一面，但是“恋爱脑”的人在感情中获得的情绪快感也远超一般人。这其实也说明了，我们并不是要摒弃边缘系统，所以这章的标题是超越“恋爱脑”，而不是告别或拒绝。生命中的许多快乐都是因为满足了我们的情绪或动物性的欲望。如果能通过“认知地图”书写练习养成观察、正视、分析自己想法的习惯，你就能很好地控制自己的边缘系统。这样既能享受恋爱的甜蜜，也能克服杏仁

体的种种不理智。这才是一个人拥有成熟的爱人能力的标准。

请记住，除了原始情绪和欲望外，我们还生活在一个充满科学、人文、哲学和艺术的文明社会。所以，只有让新皮质也参与到生活里，才能打造更丰富的灵魂。

失恋后的开挂

历史和现实的公众人物中，我们能发现许多“爱情不顺、人生开挂”的例子，爱得无比投入、无比卑微的人在遭到爱人残酷的背叛或是决然的拒绝后，反而绝地逢生迎来了事业和爱情新的高光时刻。

环顾身边，我们也能常常看到一段恋情结束后，“恋爱脑”发作的朋友又恢复到曾经开朗、积极、平静的样子，而且更专注地投身学业和事业，取得令人赞叹的新成绩。于是便有了“开挂总在失恋后”的戏谑说法，其实“开挂”背后最重要的力量就是失恋者因被迫独立而重塑了自我定义。

比如，一个女人，童年时期有父母疼爱，成年以后又一直受到男友和未来老公的宠爱，等她老去以后还有儿女在膝前孝顺。如果她的一辈子都如此顺遂，人生没有任何变故，那其实她并没有什么独立的契机。这种顺遂是她的幸运，也是不幸。这也正是波伏娃在其《第二性》中所感叹的，“男人的极大幸运在于，他，不论在成年还是在小时候，都必须踏上一条极为艰苦的道路，不过这是一条最可靠的道路；女人的不幸则在于被几乎不可抗拒的诱惑包围着，她不被要求奋发向上，只被鼓励滑下去到达极乐”。如果这样顺遂的人生被迫终止了呢？当对爱情的顶礼膜拜、对爱人的依附都被无情地打碎以后，这个女人就必须重新思考自己还能做什么，没有了爱情，自己的价值可以安放在哪里。而且这个思考，是男友、丈夫、父亲都帮不了，也给不了答案的，只能自己去思考。

一思考，理性来了，独立也就来了，也就看到了人生更大的可能。痛定思痛以后，发了不再依靠他人的誓言，下了靠自己的决心，从此摆脱了弱者的诅咒，开启了强者的人生新模式。

强者思维的行为训练

我当然希望阅读这本书的你也尽快迎来人生的开挂时刻，但与应对自卑、精神内耗的情况一样，在认知上从弱者变成强者也需要时间来实现。所以在这个过程中，我还会分享一些有助于你改变认知的日常行为技巧。

人的心理状态和思维习惯不会快速变化，但行为是可以立刻进行调整的。调整后的行为和习惯，又会潜移默化地改变思维。先开始做强者会做的事，时间久了，自然就是一个强者。“Fake it till you make it！”

除了“认知地图”书写练习外，下面是三个能够培养强者思维、快速起效的行为训练。但请务必注意，这一组行为训练只适用于正常的生活及情绪状态，如果你还处在创伤后的反刍阶段，还在为失恋感到痛苦，情绪波动剧烈，请跳过这一节的内容，继续用“失恋后行动指南”作为行为的依据。

第一个行为训练：除了亲密爱人、家人以及朋友，对其他人只做有效沟通

这个行为训练是最快速有效的，只要你愿意去做，气场就会立刻发生改变。有效沟通就是你说的每一句话都带有目的和实质性内容，不说废话。比如，游戏高手开口时一定会给予队友有效的信息量：“我等一下可以做到这样，你们相信我，只需要跟着这样执行就可以了。”自己能做什么、队友该做什么可以取胜，讲完就闭麦，不再有其他情绪上的表达。这是最能体现一个人强弱和高下的行为特征。如果你的每一次沟通都能清晰表达自己的需求，同时也邀请对方明确说出自己的需求，那这样的你，言之有物，珍惜自己的时间，同样也尊重他人的价值，给任何人的印象都是一个头脑清晰、内心强大的人。

第二个行为训练：珍惜自己的时间和情绪

珍惜自己的时间意味着，你只花时间在能让自己受益的事物上。比如，时间花在工作上可以赚钱，花在追剧上可以让自己开心，所以都可以去做。但并不是那么想要参加的社交邀请，请拒绝。

珍惜自己的情绪意味着，你会主动远离带给你负面情绪甚至是剧烈混乱情绪的人。不管那个人是谁，和你有怎样的机缘，只要不能让你感到平静或者快乐，就不要试图接近，更不要试图去“拯救”对方。因为每个人都有各自的命运，尊重、旁观就好。你的责任是过好自己的生活。

第三个行为训练：减少抱怨

负面情绪人人都有，但用什么行为来排解决定了人与人的思维及认知水平的高下。而抱怨是一个非常糟糕的行为习惯，因为抱怨的背后是希望“有人能听到我的痛苦，然后来帮我解决”，潜台词就是在重申和强调“我是个弱者，我好无助，我对自己的问题感到束手无策”。这种行为习惯会不断地污染自己的思维，把自己钉死在弱者的十字架上。当负面情绪出现了，如果特别想要诉说，约上好友去 KTV 唱可以宣泄情绪的歌是更好的方法。

只要坚持上述三个行为训练，假以时日，你就会在这样的行为习惯里不知不觉地脱胎换骨，成为一个真正的强者，也就超越了旧有的“恋爱脑”。

9

第九章

一定要漂亮才会被爱吗？——走出外貌焦虑

啊，美呀，在爱中找你自己吧，不要到你镜子的谄谀中去找寻。

——泰戈尔

弗洛姆是人本主义哲学家和精神分析心理学家，他曾经叹息商品经济对人的异化："现代人的幸福就是享受，就是满足消费和同一群人同化的要求。他们消费商品、图片、食品、饮料、香烟、人、杂志、书籍、电影，真是无奇不有。世界只是为了填饱他们的肚子，就像一个巨大的苹果、一个巨大的酒瓶和一个巨大的乳房，而我们是婴儿，永远在期待，在希望，却永远是个失意者。我们的性格努力地适应进行交换、接受和消费的要求。所有的一切——精神的和物质的东西——都成为交换和消费的对象。"

消费主义也不打算放过爱情，它们粗暴地将美貌与被爱联系在一起。我们到处都可以见到品牌商家的"斩男色口红""前男友后悔面膜"等宣传语，为了推广新品类，他们会不断引导我们关注身体细节部位的美丑。社会文化则偷偷把不够美和性格缺陷联系在一起，"没有丑女人，只有懒女人"似乎成了不容反驳的真理；大众传媒为之摇旗呐喊，将视觉感官奉为圭臬，到处都是明星、网红精修完美的形象。在这样的大环境下，越来越多的人，尤其是女生开始对容貌感到焦虑，毕竟和网上随处可见的完美无瑕的美人相比，自己只是毫不起眼的存在，忍不住开始动摇：自己到底得多漂亮，才会得到爱？

如果外貌焦虑的坏结果只是掉入消费主义的陷阱，那并不会在这本书里讨论。错误地理解长相和被爱的关系会让我们把失恋的原因归咎于自己不够好看，于是走上一条自我提升的歧路，以为只要自己瘦了，换了发型，化妆穿衣技巧提升了，就能赢得爱情，然而核心的症结依然存在且只能一次次辗转在爱的失意里。

更可怕的结果是，外貌焦虑会成为心术不正之徒的武器——筛选出低自尊、容易被影响的目标猎物，再以恋爱的名义来满足自己的私利。他们只需要简单地告诉目标猎物："虽然你长相 4 分，但是你性格温顺，而且我们有共同话题，所以你还是挺讨人喜欢的。"这样一来，既加重了女孩对自己外貌的焦虑，又被暗示她如果想要被爱就只能维持温顺的性格，以此就奠定了两个人后续关系的基础——女孩对他言听计从，并心甘情愿接受他的剥削。

所以，在这一章里，我们首先要用理性彻底打破"被爱的前提是漂亮"这个消费主义精心炮制的谎言。理清了颜值和被爱的底层逻辑，外貌焦虑也就失去了生根发芽的土壤，再铲除残余的烂根自然事半功倍。

漂亮与被爱

让我们客观地来看待漂亮与被爱之间的关系。一个人长相漂亮，在和异性交往的初期的确对关系有助推的作用，会让异性愿意接近并了解其更多面。因为在交往的初期，并没有颜值以外的其他评价体系。然而，一旦两个人进入相处阶段以后，漂亮的权重就会被性格匹配、爱好相投、生活习惯一致等因素取代。

流行的“颜值即正义”等话术的实质是通过夸大女性外貌的作用来制造焦虑，让我们乖乖去购买各种美妆、护肤、穿搭甚至医美产品，期待只要漂亮就能赢得爱情。

实际上，这是很糟糕的一种思维。因为漂亮这种比赛是没有赢家的，不管我们的基因天赋有多傲人，后天有多努力，总会有比我们脸更漂亮、身材更出众、更具青春活力的女性。而且漂亮是注定抵不过时光的，而爱情的幸福是需要与时光为伴的。只要我们在思维上错误地把被爱和漂亮进行绑定，就注定踏上一条与幸福渐行渐远的歧途。

唯颜值至上的你，认定只要自己长得美，男人瞬间变舔狗，恋爱、婚姻立刻通关，而不去考虑相处当中两个人沟通和互动的质量，也不去在意爱人的感受。这样的你能吸引来的也只能是唯颜值至上的男性，其他任何对情绪共鸣、事业配合、精神层面有一点追求的男性都会对你敬而远之。

而你所选择的男性，既然是把颜值置于任何其他条件之上，就一定会不断地追求更美、更年轻的异性伴侣，而自然你就必须去赢得一场场不可能赢到最后的“雌竞”比赛。你得不断赚钱去负担高昂的医美费用保持青春，你得严防死守爱人身边的莺莺燕燕。可是岁月蹉跎是自然规律，终有一天你会美貌不再，那时候不再被爱，你该怎么办？要在对男性怨恨、失望的情绪里孤独老去吗？

而这样的人生难道不正是你的思维投射吗？ 你自己亲手绘制了那幅可悲凄惨的画面，始作俑者正是你自己。

希望这一段颜值与被爱的分析能帮你及时避开这个人生风险，也希望你不要因此就偏激地走极端，又得出“美貌无用”的结论。因为当你不利用漂亮、不交易漂亮，美貌反而会给你很多帮助。

我曾经的工作需要为品牌拍摄宣传广告，那时我们会问模特经纪公司要模卡。不分男女、国别，模卡上列出了他们详细的身高、体重、三围、发色、瞳孔颜色等信息，大家可以想象一下，这里任何一个模特的脸和身材条件，如果安在兽医小姐姐、程序员小哥的身上，那妥妥会被路人偷拍，“最美兽医”“最美程序员”的名头立刻奉上。但是那些在模卡里面的模特，将颜值作为他们自己唯一可展示的能力时，这些颜值是不足为奇的。因为对当时的我而言，都已经是太多的选择了。

漂亮在感情里也有着一样的逻辑。可爱、聪慧、温柔、热烈，只有当你拥有这些与相处有关的特质和能力以后，你恰好又漂亮，这时的漂亮才会助你被深爱。这样即便未来岁月会带走你的美貌，你所拥有的爱也不会因此少几分。

走出外貌焦虑

“不要在乎别人的评价，你有自己的价值”“自信就美了”，这样的话你也许已经听过很多，这样轻飘飘的鼓励并不会给你带来任何实质的帮助。

下面让我们利用“认知魔法”来制定切实有效的行动步骤：

第一步：破除错误认知，不要夸大美貌的作用

高颜值当然是一件值得窃喜的事，但颜值并不是万能的。我们对于颜值的焦虑，很多时候是因为夸大了美貌的作用，总觉得只要足够美，就能为所欲为。

大众传媒当中可以支撑“颜值即正义”的论据也仅限于几则极端案例。比如某明星、某网红人品不过关，但是靠着颜值依然拥有大量粉丝，日进斗金；或者某个死刑犯、通缉犯因为长相过于出众，网友为他求情。可正是因为例子的稀少才能成为新闻，如果因此相信了颜值是一道万能护身符，那你就犯了把个例当普遍规律的逻辑错误。就算有大众传媒的个例作示范，那些娱乐圈里事业不顺、遇人不淑、人生坎坷、晚境凄凉，甚至连自然老去都成奢望的绝美男女也不在少数。

所以，可以说颜值能在人际关系建立初期给予我们积极的帮助，但在像学业、事业、婚姻、亲子关系还有健康等人生重大事件里，起不到决定性作用。

第二步：对待外貌要追求最小投入、最大收益

就像我在“告别自卑”章节里所介绍的，外貌会在人际交往初期影响我们，所以走上另一个极端——完全不在意个人形象，也是错误的做法。正确的做法是借鉴黑心老板压榨员工、让自己利益最大化的方法，只是我们把它用在形象塑造的正道上。

黑心老板的核心就是给最少的工资，要最大产出。对待外貌也应该这样。投入小、收益大的项目一定要去做，但投入大、收益非常有限甚至很难计算的项目，就完全不用在意。

比如，对于曾经的我来说，青春痘的问题就是典型的“小投入、大产出”。如果置之不理，对于外貌完全是毁容式的影响，而利用简单的医学手段解决以后就能迅速提升颜值，那就是应该去做的事。但如果是前几年宣传力度巨大的颈纹、腰臀比等细节问题，就属于投入大、收益小的项目。除非是真的活在镁光灯下的明星，否则作为普通人的我们在日常的上班、约会、社交中，并不会被人拿着放大镜如此细致地审视。

第三步：选择适合自己的人生赛道

如果我和李嘉欣一起参加选美比赛，我一定会输；但如果比中国历史、地理知识，她就未必能赢我。所以选对赛道才能发挥自己最大的优势，而不是拿自己的平平无奇甚至短处与天赋型选手竞争。假如我决定去闯荡娱乐圈，梦想是成为 T 台模特，那么我一定会每天活在外貌焦虑中，思量着要如何整形、节食，因为形象是我事业发展至关重要的一个因素。

只要我的理智尚存，就不会选择模特、明星、颜值网红的人生赛道。而在知性的赛道，用我在内容上的擅长去经营公司，和大家分享个人成长故事、理性思维、心理学知识，我的长相就不再是决定性因素。

所以，只要不是在靠脸吃饭的行业，只要我们收拾得清爽整洁，有着理性和开放的思维、友好待人的性格，都能顺利地前行，不会因为不够漂亮而寸步难行。

第四步：重视身体的功能性作用

认知心理学认为，外貌焦虑的缘起是过度的自我审视，把自己当成客体来研究，审查自己是否合乎社会审美标准。而这种状态会导致注意力资源的过度收窄。也就是说，我们拿着放大镜看自己了，而且只能看到锁骨形状、肩膀宽度、发际线位置、脸上各种纹和斑，这样自然容易发现不足，陷入焦虑。而焦虑又会加剧注意力收窄，越在意自己不好看，照镜子越能看到问题，于是恶性循环就出现了。这也是美妆、医美类商家会花重金来包装新的概念，来让我们关注身体的某一处细节的原因。

有一个方法可以瞬间改变注意力资源过度收窄的状态，就是关注身体的其他功能。比如，五官可以让我们感受艺术、享受美食，而我们的四肢和身体有运动功能，它们都不仅仅只有外貌形象的单一功能。全世界范围的多项研究数据都证明了，参与户外运动是改善外貌焦虑最好的方法之一。

当然，在我们调整认知、走出外貌焦虑的过程中，还是难免会遇到一些人，尤其是身边亲近的同学、同事、朋友冷不防地对我们的长相进行负面评价。如果遇到这种情况，我们可以利用认知隔离来应对。

认知隔离就是在脑海中告诉自己，别人的表达、说话习惯和我们长得怎么样没有关系。它背后应用的理论来自个体心理学派阿德勒的“课题分离”，即将别人的言语表达与我们自身进行分离。要知道在约 1000 年之前的宋朝，就有苏轼用“环肥燕瘦”来赞美多形态的美。我们已经享受了 1000 年的人类进步，又怎么甘心反而只能接受某种统一、单调的审美价值观？

你有按照自己喜好打扮的权利，也有选择不美的自由。最重要的是，摆脱他人的期待和要求，按照自己内心的标准变美或者生活。请记住，这个世界没有任何人可以规定你必须成为玫瑰。

10

第十章

为什么恋爱后还是感到孤独？——理解孤独

我想所谓孤独，就是你面对的那个人，他的情绪和你自己的情绪，不在同一个频率。

——理查德·耶茨

美国心理学博士盖伊·温奇（Guy Winch）将孤独比作人际关系中的“肌无力”。长期的孤独是有害的，会使我们对各种身心疾病更加易感。因为缺乏社会支持，孤独者更难逃脱负性情绪的深渊，抑郁、睡眠障碍等都是困扰他们常见的心理和行为问题。除了心理疾病，孤独还会对我们的生理带来负面影响，温奇博士甚至把孤独的危害和吸烟相类比，孤独不仅会导致高血压、高胆固醇，还会影响我们的免疫系统，让我们更容易患上各种疾病。

孤独也注定会让我们追寻爱情的道路充满挫败和险阻。因为孤独会严重扭曲并误导我们的感知和思维能力，于是要么与自己并不真心喜欢的人谈恋爱，要么就像此前章节例子里的女孩那样为了排解内心的孤独，把并不适合的异性“想象”成了佳偶天成。即便相处后矛盾重重，但是一想到失恋后自己又要回到孤独的状态，就继续自欺欺人，异常辛苦地勉强维系着关系。

如果是两个孤独者，他们往往会爱得很炙热、很纯粹，但是这种为了不再孤独而在一起的感情，就如同根本没打地基的木屋，不管看起来多完美，稍微有一点风吹草动也就分崩离析了。

就像日本电影《花束般的恋爱》中的两个年轻人山音麦和八谷绢。他们因为错过尾班车而相遇，在深夜的咖啡馆聊起了文学、电影和音乐，两个人发现彼此居然惊人地相似，不仅仅是兴趣和爱好，连各种生活细节也都几乎一样，比如穿的鞋子都是同款的。于是，两个人坠入爱河，都认定找到了彼此的灵魂伴侣。热恋期间，两个人水乳交融、形影不离，精神世界完全同步。他们都相信当下就是最完美的爱情，约定要一起维持现状。但片名已经预示了结果：他们两人的爱情如花朵，盛开时娇艳万分，花期却转瞬即逝。

因为每一段爱是如何开始的，就决定了它将如何结束。

山音麦和八谷绢在相遇前都是无比孤独的灵魂，和家庭的关系并不好，身边的朋友、在乎的异性根本理解不了他们，也不怎么想去理解他们的喜好。当他们遇见彼此的时候，以为两个人相爱，就有人能爱自己，就能让自己心里的声音被听见。孤独了那么久的人第一次体会到这种美妙的感觉，自然会晕头转向，自然要兴奋万分。但不管爱的感受有多强烈，这种爱也完全不是持久的爱。因为这种相爱，两个人所爱的都是对方身上的自己，感到幸福也是因为自己被爱了，自己不再孤独了。但世界上不可能存在两个心理活动完全一样的人，梦终究会有醒的一天，两个孤独的人迟早会发现他们走上了不同的岔道，愈行愈远。

这是电影的结局，也是所有期待用恋爱来治愈孤独的人都会面临的爱情结局。

如果要彻底走出失恋，我说的不是某一次失恋，而是杜绝未来的爱情失败循环，那么，孤独是另一个我们必须用认知去理解、去应对的心理症结。

孤独的本质

很多人会简单地以为孤独是没有人陪伴，只要去交朋友，扩大社交圈，找个人谈恋爱就能不再孤独。可他们真的这样去做以后，又会陷入新的迷惑——

“被同事拉去参加聚会，明明身边有很多人，但觉得没有一个人真的了解我，人群让我觉得更加孤独。”

“单身的时候一个人生活得挺好的，可是真的恋爱了，反而觉得非常孤独。想要陪伴的时候，他在忙；想要倾诉的时候，他不耐烦。”

这些都是我收到的真实的粉丝来信，迷惑的源头是错误理解了孤独的本质，以为孤独就是独自居住、社交圈狭窄、无人陪伴的状态。其实，孤独并不是一个人独处的状态，而是我们对外渴求沟通却希望落空的状态。向外的渴求越强，落空的概率越大，也便越孤独。这才是孤独的本质。

理解了孤独的本质，就能理解第一位粉丝虽然参加了各种社交聚会，身边多了很多人，但是她与人进行联结的渴求落空的状态并没有改变，所以她依然因为灵魂之间遥远的距离而感到孤独；第二位粉丝在进入恋爱以后产生了新的更高密度的沟通需求，可是爱人并不能满足她的新渴求，所以她在恋爱后反而陷入孤独。

还有一种你我可能都体会过的孤独，就是当我们在面对高考、事业转型、疾病等人生挑战的时候会觉得格外孤独。因为那些挑战给我们带来了新的压力，一个人很难扛，希望可以找到援兵和帮手。于是，新的对外的渴求就滋生了孤独。

与孤独和解

世界上绝大多数迷惑之所以找不到答案，都是因为我们并不知道困扰我们的东西究竟是什么。自卑如此，“恋爱脑”如此，孤独更是如此。当我们理解了孤独的本质，自然也就有了用理性拆解孤独的方法。

既然孤独是一种对外渴求却落空的状态，那么应对孤独的路径有且只有两个：第一是减少对外的依赖，第二是降低希望落空的概率。

减少对外依赖需要的是独立人格。也就是说，你需要从认知上完全接受你是自己生命的唯一责任人。唯一责任人意味着，如果你的生命是一家公司，那么这家公司的创始人、法人、负责人都是你。无论经济形势的好坏，下属能力的高下，公司是否有沉重的负担，都不能成为你开脱的理由和借口，你依然得担负起公司的所有盈亏与责任。一旦你接受了这一点，孤独就成了一种“状态”，而不是困扰你的情绪。你知道人生的所有决定都必须自己来做。一旦决定以后，所有的结果也是你自己来扛；你不会再以抱怨人情凉薄的口吻描述这种状态，你愿意承担随自由和权利而来的沉重责任。那么，“人类的悲欢并不相通”之于你，就是一个客观的知识点，而不是悲叹。

第二个方法就是降低希望落空的概率。如果一个人内心无比空虚，没有任何兴趣爱好，每天无所事事，虚度时光，唯一希望就是能够找到依赖，有人能随时随地倾听自己的喜怒哀乐，有人能时时刻刻帮自己答疑解惑，那么他的所求落空的概率一定是巨大的。因为不管富贵贫穷，我们每个人都有各自的人生使命，不会有谁是为了某个人的需求而量身定制的，也不会有谁的生活是围着某个人的情绪来安排的。所以这样的人，不管是单身还是恋爱状态，都躲不开孤独的如影随形。即便是他拥有的财富、青春、美貌足以支撑他不断地更换新的朋友和情人，他也会永远哀叹：每个人都是在自己的生命里孤独地过冬。

与之相对的，有三类人可以得到渴求的满足：

第一种就是世俗意义上占据高位的人。因为他身上有别人想要的资源或特权，所以人们愿意接近和迎合他，就算是假装，也会假装和他三观契合、品味相投。但“世俗强人”并不会长久地具备抵御孤独的金钟罩，孤独会在他不再拥有权势后降临，那时他依然会痛苦地哀叹：人走茶凉，世界是势利而残酷的。

第二种是内心足够丰盈，以至并不需要与他人取得共识的人。因为他内心的所思足以让自己感到喜悦，也让他人感到有价值，想要去了解他。老子在西出函谷关时若不是被关长拦下，逼求他留下思想笔墨，他连区区五千多字都不会留下。

第三种人则是那些对于自己所想、所要沟通的抱有绝对坚定信念的人。当马丁·路德·金高呼“我有一个梦想”之时，他并不会觉得自己是一个人在孤独地战斗，他坚信自己所坚持和呼吁的一定会激起大家的共鸣和支持——“星星之火，可以燎原”。

如果真的把孤独的本质领悟透彻了，我们就能发现，只有极少数在人类历史上留下名字的伟人才能真的隔绝孤独，而我们绝大多数人都在和孤独共存。就像约翰·耶茨在《十一种孤独》里所写的："孤独是生命里必有的黑暗，它无法穿越，也不可战胜。"

如果无法平静地接受这一点，那请至少做到不要用错误的路径去排解孤独。不断地聚会、约会、认识新人，不断地恋爱、失恋、再恋爱，这样只会让你在散场后、梦醒后，发现自己依然什么都没有，心依旧是那颗空虚的心。

11

第十一章

对他越好，越不被珍惜？——停止讨好

我无权去评判他人的生活，我只能为自己作出判断。

——赫尔曼·黑塞

很多女生都会在恋爱中遭遇“越陷越深”的烦恼。一开始明明是对方向自己百般示好，主动追求自己，可是确定关系以后，自己事事以感情为重，处处考虑对方的感受，却发觉爱人对自己失去了追求时候的热情。当她们最终等到失恋的结局以后，又会因此把感情失败的原因归咎于“人性本贱”——对别人太好，就不会被珍惜。

反思是成长的开始，但是错误的反思却是掉坑的起点。如果认定症结在于无法改变的人性，那唯一破局的方法就是“不对人好”。这样又会走向另一个极端，以为用骄纵、自私和任性反倒可以赢得爱情。一旦用上这种完全混乱的逻辑作为人生指引，就只能离幸福越来越远。

因为问题并不在于人性，而是“对人好”。

“对人好”的错误认知和“真诚换不来真心”的困扰如出一辙。真正意义上的真诚是一种我们愿意分享给世界的礼物，而不是拿来交易的东西；真正意义上的对人好同样是一种“我很好，我愿意分享”的状态，而不是希望通过付出和迎合来换取别人评价中的“我很好”。这种“对人好“更接近卑微的“讨好”，而不是以高自尊和自我价值作为内核。“讨好”又天然地和中国传统文化中对于女性温柔贤淑、相夫教子的性别期望吻合在一起，远比“真诚换真心”更具有迷惑性。

所以，让我们继续从认知出发，用理性来解析为什么一旦恋爱关系里出现了“讨好”，这段感情迟早会走向曲终人散。

讨好的爱注定是悲剧

讨好的爱，从一开始就是一条不归路。因为持续的“讨好行为”会让讨好的一方进入糟糕透顶的负面心理螺旋。

因为行为会强化认知，讨好的行为强化了讨好者在关系中身处弱势的认知，弱势地位的认知会催生出失落、焦虑、沮丧等“恋爱脑”的典型情绪。这些负面情绪会影响人的判断，焦虑更是会让人的认知收窄。他们没有能力也没有多余的认知资源去观察、了解对方真正的需求，只能凭自己的想法和涌起的情绪下意识地去行动。这种只按照自己想法的“对他好”在现实的感情相处里就成了干涉和打扰。

如果真的觉察到自己在打扰对方，或者意识到对方已经表明了拒绝，那么讨好的行为可以暂停。但是人还有另一个普遍存在的心理需求，即“认知自洽”。认知自洽让人类在寻求一个事物的解释时，比起绝对的真理，更能接受一个符合自己的预设立场和逻辑的解释。这样人们就能通过“合理”但未必客观的观点来解释生活和世界，消除内心的不安。因为意识到这段关系是失衡的，讨好者就必须通过自我欺骗的方式来实现认知自洽，于是讨好者会不断地从对方的表情以及行为的蛛丝马迹里寻找着对方需要自己、对方仍爱自己的证据。这样他们就会在错误的道路上继续横冲直撞，直到撞上失恋的南墙。

如果讨好的认知错误得不到清除，失恋也只是休止符。他们会继续通过哀求、挽回来继续自己的讨好行为——在分手以后依然给对方发连篇累牍的情书小作文，依然在对方的生日送去昂贵的礼物，继续浪费大量的时间关注对方的社交动态，揣测其心意，等等。

同时，为了合理化自己执着于一件单向付出、没有回报的行为，他们会找出对方各种无关的细节当作自己依然被爱的证据——“他没有删我的微信”“他还点赞我的朋友圈”“他的支付宝还保留着情侣头像”……或者就通过大幅贬低自己的付出来完成虚假的爱的平衡。所以，我们常能听见失恋者凄惨的自我检讨和道歉：“都是我的错，再给我一次机会改行不行？”

被喜欢的人拒绝当然会失落和挫败，而只要自己不继续爱的行为，这个拒绝就是一次性的。但讨好者在负面心理螺旋的影响下，会持续关注一个对象，反复追加投入，自己一而再、再而三地主动强化自我低价值的认知，反复刺激出失落、沮丧和挫败的情绪，然后又把这种情绪拉扯理解为真爱。“如果我不是真的爱他，怎么会那么心痛？”这是失恋者当中非常普遍的扭曲观点。张爱玲曾精妙地总结了这场自我欺骗和自我感动的游戏：“不断地舔着伤口，舔着舔着对伤口也有感情了。”

讨好者的择偶风险

心术不正、期待以爱之名行掠夺之实的无良者会优先挑选内心有症结的目标对象。因为比起心理健康的人，他们更容易被洗脑和操控。现实里许多情感诈骗的“杀猪盘”就是通过婚恋相亲平台寻找目标，讨好者更是情感诈骗中高风险的典型受害者。针对讨好者持续付出的特点，无良者可以轻松榨干他的每一分价值，理所当然地不断向他索取金钱、礼物或者情绪满足。

无良者还会利用人类“厌恶损失”的心理规律，诱导讨好者投入，继续为这段感情加注。无良者会交叉上演欲擒故纵，比如这段时间工作繁忙无法顾及恋爱，那讨好者一定更会期待两人的下次约会。俗话说的是希望越大失望越大，但在无良者和讨好者的感情关系里恰恰相反，越是失望，对希望、对渴求就越是强烈。就像赌徒一样，输得越多，越难以接受已经亏掉的赌注，一定会想翻盘。那些旁观者清、当局者迷的爱情惨剧背后都是相同的原理。因为已经苦苦等待过，默默守候过，已经付出了物质，还有身体上极大的牺牲，紧紧攥住、继续往下走还有赢面，还有可能收获爱情；如果放弃，那就是满盘皆输。

同时，讨好者的认知自洽同样适用于无良者。无良者会在认知里贬低对方并提高自己“情感施舍”的价值，以此不带任何愧疚感地榨干讨好者的付出。

讨好者很难与善良且理性的异性进入关系，倒不是因为讨好者没有吸引力，而是心智成熟、内心善良的人很难爱上无法与自己平等相对的人，大概率会明确地拒绝并回避讨好者，让讨好者得不到任何反馈。他们会因持续付出的行为将被迫终止而感受到诸如愤怒、痛苦、挫败等负面情绪的反弹，但这种暂时的痛苦反而是讨好者的幸运。因为情绪被牵动的状态最终会随着时间而消散，他们也不会真正沦为冷酷的情感勒索者的猎物。

但正如“幸运”两个字所揭示的残酷真相：讨好者在择偶上根本没有理性预判的能力，也无法区分自己遇见的到底是无良者还是心怀善念的理性人。他们不自知地坐在赌桌旁等待着骰子落地静止，却不知道“灰犀牛”正在不远处伺机而动。

停止讨好

讨好型人格背后的成因与其童年的经历紧密相关——父母没有让孩子觉得自己值得被爱、值得被珍惜、值得被付出。这样的孩子长大了，内心也没有对自我价值的肯定，像要溺死的人，牢牢攥着别人的肯定和认可。他们在人际关系里非常局促和焦虑，小心翼翼，努力察言观色，不敢提出自己的要求，也不敢拒绝别人的要求，怕被人讨厌、被人批评，希望所有人都能喜欢自己。

但原生家庭的创伤并不会阻止我们拥有健康良性的亲密关系，我们依然可以用理性来终结恋爱中讨好爱人的行为倾向。

第一步，依然是认知修正。在恋爱里习惯性讨好的人往往受困于两个常见的认知错误：

第一个认知错误：世界上存在一个标准，叫“好的爱人”

这个认知错误是把亲密关系中的身份理解成了社会角色。因为只有社会角色具有客观的衡量标准，比如，学习成绩可以区分出好学生和坏学生，社会贡献可以区分出有贡献的人和没有贡献的人，公司业绩可以区分出优秀的企业家和平庸的企业家。

但在亲密关系中，匹配原则替代了客观的好坏评判，所以并不存在所谓的好男人或者好女人的通用标准。匹配原则决定了你的爱情观、你的择偶价值观，它们才是评判的重要因素。

所以，如果非要讨好，就用心去了解自己，按照自己真实的审美和喜好去择偶，反而是觅得登对爱人的有用标准。

第二个认知错误：讨好可以被爱

一些孩子在成长过程中唯有达到父母的要求，按照父母的心意行事，才能得到表扬和肯定。在这种家庭环境的熏染下，他们不知不觉习得了讨好的行为。成年后他们又自动将与父母的相处模式复制到亲密关系中，认为唯有迎合另一半的需求，才能让自己得到爱。

但正如我们所分析的，讨好者在恋爱中费力不讨好，不仅不能让自己的爱情升温，还会加速自己的爱情走到尽头。即便是在与朋友的日常相处中，讨好者也会无奈地掉入亲手编织的人际困境：他们不考虑他人需求的“热情”，让他人感到压力重重，非常疲惫；而他们再怎么努力也不可能讨好所有人，一定会有让人失望的一天；当那一天来临并无法继续讨好时，曾经的讨好有多深，身边朋友的不满甚至失望就有多重。

从思维里清除掉这两个障碍，就能避免在后续的人际交往中反复在“讨好”里找解药。

第二步，认知调整之后，我们还需要利用“系统脱敏疗法”进行行为训练。

美国行为治疗心理学家约瑟夫·沃尔普（Joseph Wolpe）创立的“系统脱敏疗法”又称交互抑制法，是一种现在被广泛运用在心理咨询中，用于治疗求助者对特定事件、人物或其他泛化对象感到恐惧和焦虑的经典技法。简单来说，就是鼓励心理咨询的来访者逐渐接近他所恐惧的事物，直到消除对这一事物的恐惧感。

讨好型人格都是愤怒的逃避者，他们的一个重要行为表现就是，不敢公开表达、宣泄愤怒，害怕冲突。那么利用“系统脱敏疗法”，你就可以有意识地在生活里找一些像面对导购或推销等需要拒绝他人、表达个人主张的场景，让自己身处其中，来慢慢克服遭遇冲突时的恐慌和焦虑。一开始可能因为说出拒绝、提出要求太难了，你会焦虑，会紧张，这时你可以调整呼吸，松弛面部的肌肉以帮助自己平静，继而直接地表达自己的立场和主张。一般练习 5~6 次就会有明显改善。 当你通过反复练习养成了坚持个人主张的“不讨好”习惯后，这一行为又会影响你的认知和情绪，让你摆脱讨好灵魂的桎梏。

不会恋爱、不懂恋爱、恋爱失败都是大多数人的成长必经之路，其间犯很多错、表现得很不体面都没有关系。但需要我们警惕的是，在同一个地方反复摔倒——每一次都爱错人，每一次在爱里的不安感都会爆炸，每一次都无法平静地接受分手，每一次都明知爱错却无法止损。

这时候的你，不管正在经历恋爱还是失恋，你都身处在黑暗的隧道里，没有找到正确的出口。你必须先停下来，不要跟着惯性继续去爱或者去挽回爱。停下来不是为了学习恋爱，而是为了自我疗愈。修正错误的认知模式，解开内心的症结，彻底治好隐秘的伤口，才不会继续拿恋爱来为自己止痛。这样你才能达到任何一段良性、健康恋爱关系最基本的要求——只爱符合自己标准的爱人，而不是毫无抉择地像抓救命稻草那样抓住每一个不拒绝自己的人。

借助这两步终结讨好，你才有可能走出爱情失败的怪圈，否则你会反反复复地在爱里受伤。直到有一天，你会失去所有希望和期待，你会被他人安排或被现实裹挟，进入或者不进入婚姻。到那时，幸福将彻底成为遥不可及的虚妄传说。

这个暗淡无光的未来不是因你的原生家庭而来，而是你自己的选择。虽然我们都无法改变家庭背景、成长环境，但我们可以随时随地选择改变自己的思维，学习新的技能。承认我们做不到的、改变不了的事情，把关注和精力都聚焦在能够改变的事情上，做到这一点，你就已经开启了循序渐进的良性自我疗愈和提升之路。

如果你愿意选择改变，第六章至第十一章的内容都能帮你清除掉思维里已有的认知错误，解开你试图用爱情去疗愈伤口的心理症结。

请相信我，也相信自己，你定能擦去原生家庭留在你过往生命里的那些卑微的、不安的、焦虑的、恐慌的记号，再重新绘制属于你的爱情画卷。这幅新的画作需要什么基本技能和笔法，我会在第十三章里与你分享。

12

第十二章

消极情绪急救指南

当我复又独处时，我细想了听到的情况，窥视了我的心灵，审察了我的思想和情感，努力用一双严厉的手，把那些在无边无际、无路可循的想象荒野上徘徊的一切，纳入常识的可靠规范之中。

——夏洛蒂·勃朗特

翻开这一章的你或许正经历着人生的“至暗时刻”：内心黑压压的一片，被悲伤笼罩得漆黑幽暗；绝望、惊恐、愤怒等失控的情绪不时如台风般肆虐过境。我无法替你走完那段孤独的黑暗之旅，但可以给你一些工具，以便下一场暴风雨来临之时你能有更充分的准备。

因为天生的高敏感和极强的共情能力，加之成长经历和生理因素，我所体验过的情绪困扰要比一般人更重。但也是那一次次与情绪风暴的贴身肉搏，教会了我消极情绪急救的技巧。毕竟生活总是要继续，你学会了也就内化成了举重若轻的心理力量，也就知道了如何去对待人生后续的惊涛骇浪。

希望可以用这一章的经历和经验分享，让你了解人类的一个真相：没有人是百分之百健康的，无论是身体还是心理。所有人都有负面情绪，都会经历焦虑、抑郁、不安、孤独的时刻，无人可以幸免。人类的另外一个真相是：我们都是从弱小状态成长起来的。通过运动和训练，我们的肌肉得以生长，力量得以增强；情绪也一样，心理学界已经诞生了多种学派、工具和技法来帮助我们改善消极的情绪，通过训练我们同样可以拥有强大的内心。

纵然命运之谜不能解，为何偏偏是你遭遇充满伤害的原生家庭、承受失恋分手的痛苦？但你依然可以选择把过去留在身后，用从中获得的新经验、新力量继续往前走。

我与情绪困扰

很小的时候，我就隐约意识到自己可能和别人不太一样。比如文字方面，我能迅速感受到故事主人公的喜怒哀乐，和虚拟人物建立情感共鸣。但对于十几岁的我来说，这种情感共鸣是不受控制的。一旦强共情建立了，那么故事主人公遭遇的命运的残酷，就仿佛攥住了我的心，随意地就能捏疼它。这里说到的“疼”，不是比喻，而是真的因情绪而来的生理不适。我始终记得，《十一种孤独》《心是孤独的猎手》还有《微物之神》，这三本小说曾让我呼吸急促，蜷缩在墙角哭泣不止。

仅仅是书本中文字的刺激，就能给我带来如此巨大的情绪反应，更不用提在现实世界中与人的交往。从他人的细微表情和说话的语气中，我都能非常敏锐地感知到他人的情绪，而这些情绪都会刺激到我，让我同喜同悲。

而偏偏地，少年时期的被寄养、被孤立、被伤害、被嘲讽等，我一个不落地都经历过。所以在很长的一段时间里，我不断体验着情绪的过山车。进入青春期以后，我遭遇了一次次负面情绪的大爆发。当能量很强的时候，我易怒、偏激、叛逆；当能量弱的时候，我抑郁、倦怠、空虚。

如今回看自己的人生，我都清醒地知道，其实有很大的概率，我会开启人生的 B 面——人生被不间断的情绪浪潮席卷，继而被带去各种不受理性控制的糟糕的方向。是真的幸运，也是完完全全的机缘巧合，十几岁的时候，我开始了写作。当时的写作没有任何目的，也没有任何外因，几乎是一种出于自我保护的本能。每一次当不受控的情绪降临时，我都试着拿肉身与它直接对抗，试图把它赶走，但都会被它打败，进而整个身体被情绪完全控制。

所以我只能去找其他的方法。我在大脑里构思出了一个又一个的虚拟人物，然后把消极情绪装到它们的身体里。而我可以躲在一个安全的空间里，记录并讲述它们的故事。从 17 岁到 22 岁的这些年里，我写了很多很多暗黑童话，我本科就读于复旦，复旦“日月光华 BBS”里应该还存有我当时写的一些故事。比如有一个架空的连载系列叫“疯人院”，里面关着杀掉亲生女儿来换关注的女人，一个找不到生命意义、在幻想出来的疾病里找到庇护的画家，等等。其实这些疯人院的病人都是我自己的情绪困扰——女人代表孤独感，画家代表无意义感。虽然当时的我完全不知道从什么心理学视角认识情绪，但当我开始书写的时候，我其实就不再试图把情绪驱赶走，因为情绪就是我的灵感来源。我反而可以站在一个创作者的立场，去聆听和感受情绪传递的信息，然后让这些信息为我笔下的人物注入灵魂。

靠写作这个方法，我平顺地度过了青春期。

下一个人生小坎在我二十二三岁的时间点等着我。当时的我靠自己的外语和写作能力，给不同国家的新闻记者、摄影师、纪录片导演当助理，赚一些钱，顺便去一些个人旅行很少能去到的地方。于是，我因工作之故近距离接触到了许许多多遭到命运碾轧的苦难灵魂。生活的残酷，超出了当时年轻的我能够想象的最恶程度。直面世间的残忍需要内心的力量，而不是热血的冲动。但当时的我并没有那种力量，所以我被直接打垮了。严重失眠、没有食欲、无法控制地哭泣……在我的人生低谷里，又一个机缘巧合出现了。我的一个朋友没有多说，就直接拉我一起报了个很奇怪的项目——江苏寿胜寺寺院的生活体验。

他觉得我喜欢旅行，出门走走有益于放松心情，而当时的我差不多是行尸走肉的状态，行程也不能太复杂，所以朋友就安排我去寺院里住上几天。寺院的生活要求我们每天 5 点起床，然后和僧侣一起上早课，晚上 7 点一起上晚课。所谓早课和晚课，就是我们和僧侣一起打坐。在此之前我从来没有尝试过打坐，所以我求助同行的另一位女士："打坐到底是要做什么？"她低声回应了我一句："你就计数自己的呼吸。"

这是我第一次接触到正念（mindfulness）的概念，当时的我完全不知道这是心理学的一个专业疗法，可以平复"情绪上头"的反应。我只是很惊喜地发现，几天后离开寺庙的我可以重新开始正常地工作和生活了。

书写和正念

我大概在15岁前后开始写作，23岁第一次接触了正念疗法，这两个方法在应对负面情绪上给了我巨大的帮助。但我其实一直都不知道其背后的心理学理论依据——原来书写和正念是应对情绪困扰非常经典的心理干预方法，直到后来有一次与一位权威的精神科医生沟通，我讲述了自己和情绪相爱相杀的经历，她为我解答了写作和呼吸计数对于情绪的效用。因为她，我第一次知道了，正念是源自佛教禅修的坐禅、冥想等剥去所有宗教色彩后的概念。

1979年，麻省理工学院的分子生物学博士乔·卡巴金（Jon Kabat-zinn）第一次把正念引入临床心理学领域。他在对慢性病患者的数据观察中发现，正念练习不仅减少了病人的疼痛，还显著缓解了病人的焦虑情绪。之后又通过十多年的临床实践，卡巴金研发了一套标准化的心理干预方案，即正念减压疗法（MBSR）。

在更早的20世纪50年代，纽约著名临床心理学家阿尔伯特·埃利斯自创了“理性情绪疗法”。60年代，宾夕法尼亚医学院博士、权威精神病学家亚伦·贝克提出了认知疗法，两位先驱的研究成果一起汇集成了著名的心理疗法——认知行为疗法。书写记录则是认知行为疗法中最经典的干预技巧之一。时间到了90年代，认知疗法的研究者们关注到了卡巴金教授的正念减压疗法，他们发现两个疗法有很多共通的地方，于是将正念和书写结合在一起，全新的心理疗法即正念认知疗法（MBCT）诞生了。

在我了解了专业理论后，就更确定自己因机缘巧合、凭借本能误打误撞对抗情绪的做法是科学且可行的，我正行走在一条正确的道路上——善待情绪、转换不良情绪，并以此重塑心智。

情绪急救药箱

认知行为疗法（CBT）、正念认知疗法（MBCT）、正念减压疗法（MBSR），以及积极心理学、日常生活重建，还有我们前面做过介绍的接纳承诺疗法（ACT）都是非常经典的心理干预方案，几乎所有的专业心理治疗都会结合应用其中的一项或几项。

但比起深入研究这些疗法的理论，更为重要的是借用这些疗法的精髓并用最简单的方式开始练习。因为心理锻炼和身体锻炼一样，看 100 本跑步技巧的书对于身体的改变远不及实地开始跑步。更为重要的一个原因是，阅读只有在情绪平复、理性回归后才能实现。在你饱受失恋的悲伤、不安和抑郁等心境折磨之际，要求你立刻开始阅读和学习，实在是有一些强人所难。所以，我设计了一些简单易上手的觉察以及接纳情绪的非正式练习，你在家里独自一人就能进行，它们将成为你的情绪急救箱。当失恋的痛苦席卷而来的时候，你可以利用它们全身而退，不再任由情绪把你带去某个更加痛苦和绝望的深渊。

本书前几章所介绍的模块化写作练习源自认知行为疗法，它在修正错误认知领域的卓越成效已经被无数实验证明。但当负面情绪过于强烈的时候，你可能会体验到类似惊恐发作的症状——胸闷、心悸、胃部不适、颤抖、手指发麻，甚至有时大脑仿佛都能听见“我快要发疯，失去控制了”的尖叫声。而处在这种状态下的你首先需要正念疗法的援助。

正念，是指对事物不带评价的觉察，即我们暂时搁置评判标准，把所有的目标放到一边，接受当前事物的本来面目，而不是它理想的模样。在应对情绪时，正念是指关闭那些你已经习以为常的自动化思维——对过去的反思、对未来的担忧等，用全身心来觉察当下的情绪。当你不去否定、反抗情绪的时候，涌起的消极情绪反而会像被抽走氧气的房间里的火焰开始平息。

下面的3个情绪急救练习结合了卡巴金的正念疗法，适合失恋者在情绪剧烈波动期进行自我急救。

情绪急救练习1：正念进食

选择一样你平时最爱吃的食物，不用考虑其热量或健康与否，然后观察它，细细地咀嚼它，仔细体会它的每一口滋味。

先是观察这份食物，想象你是刚刚抵达地球的外星人，此前从来没有见过这种食物，所以你要全神贯注地探索它的每一个细节——它的颜色、它的气味。

随后你可以开始吃第一口，轻轻地把你爱吃的这样食物放到嘴里，用舌尖去探索它在嘴里的感觉。当你准备好咀嚼它的时候，请体会每一次咀嚼时舌头和口腔所感受到的味觉变化。在吞咽的时候也请觉察食物从口腔进入喉管、食管至胃部时身体的感受。

请用这个方法品尝、享用剩下的食物。

全神贯注的方法可以改变我们进食的体验，让普通食物的味道也变得丰富和细腻。但更重要的是，如果我们能通过进食保持正念的觉察，就能为悲伤的心境加入不带预设和判断的新体验。也许这个体验并不能让你的心情立刻好转，但是它却能阻止狂暴情绪把你抛向黑暗深渊的企图。

情绪急救练习 2: 正念行走

强烈的负面情绪有时会让你进入茶饭不思、坐立不安的状态。这时候你的大脑可能充斥着各种偏激、冲动的念头，想要立刻打电话给前任，想要和他当面对峙。这时你可以尝试正念行走的练习。

在房间里或者家附近的小路上开始行走，不要设行走的目的地或者行走步数、时间等目标，你只需要单纯地活在当下，关注自己迈出的这一步。请把所有的注意力都放到双脚上，感受脚掌与地面接触时的感觉，全身的重量通过双腿和双脚传递到地面的感觉。当你抬起脚准备迈步的时候，请注意小腿肚肌肉的变化，继而抬起整只脚，把全身重量转移到另一条腿上。

仔细体会左脚与右脚向前迈进时的感觉，用这种方式，一步步地从房间或者小路的一头走到另一头。如果你的内心感到非常烦躁，可以在开头先以较快的速度行走，之后再逐渐放慢速度。

情绪急救练习 3: 正念呼吸

正念呼吸是正念疗法中最经典和重要的练习。因为正念呼吸要求我们必须在每一次呼气和吸气的瞬间里关注、感受气息和身体的变化。一旦能保持对呼吸的觉察，就意味着我们的大脑不会被侵入式的想法、感受，波动的情绪及外界让人分心的种种事物所影响。我们就能做到无论身处怎样的环境和境遇，都能完全地活在当下，活在每一个短暂的瞬间里。

正念呼吸的原理和冥想相似，但你可以自由选择以躺姿、坐姿或者站姿开始 10 分钟的呼吸训练。无论是哪一种姿势，训练的关键都在于关注呼吸的感觉，觉察腹部随着每一次吸气和呼气的起伏，还有每一次吸气和呼气之间短暂停顿的感觉变化。在这个过程中，你不需要通过任何方式去控制呼吸的节奏，只需要让你的身体自然地呼吸。

练习中你一定会经历思维的游离，忘记留意腹部起伏的感觉而陷入曾经的爱情回忆，担忧他是否正在逐渐忘记你。这个现象非常正常，但不管思维游离得多么频繁，你只需要每一次都简单整理一下游离后的所思所想，然后重新去关注呼吸带给你的生理感觉。

虽然刚刚提到的练习是进食、行走和呼吸的场景，但你也完全可以结合自己的生活习惯，把相同的原理运用在慢跑、健身、瑜伽、遛狗，甚至刷牙等其他活动上。比如，我在情绪很糟的时候会立刻去做平板支撑，坚持 1 分 30 秒到 2 分钟就能完成正念疗法当中呼吸觉察和身体扫描的练习。

练习的场景只是形式，重要的是正念疗法的内核：让我们与身体的感受重新建立联系，觉察、接纳、不评判。在以相同的方法面对失控的情绪时，同样可以通过觉察、接纳让它自然地平复。请自由地找到最适合你的正念练习来帮自己从情绪旋涡中抽身。

让内心强大的书写练习

正念可以帮你先远离狂暴的情绪，稍微平复以后你可以用认知行为疗法中的书写练习来应对可能长期困扰你的焦虑、抑郁、不安、自卑、自我怀疑等情绪。

书写练习 1：“旁观者游戏”

“旁观者游戏”是我根据认知疗法创始人之一的亚伦·贝克（Aaron Beck）所提出的“消极思维日记”简化而来的书写练习，即利用书写对自己大脑中出现的自我批评等消极念头进行理性驳斥，具体方法在前面章节中介绍过。在我尝试疗愈成长经历留给我的自卑的过程中，每当发现自己有悲观消极的情绪时，我都会用这个办法来整理认知；当认知变得明晰以后，情绪也会随之改变。

通过书写，你也可以找到进入你大脑的自我否定和批评的最高频声音，然后连同把旁观者的辩解一起打印出来，贴在方便你看到的地方随时作为提醒。

“旁观者游戏”书写模板：

自我批评	旁观者的判断

书写练习 2：“积极时刻日志”

“积极时刻日志”书写练习脱胎于积极心理治疗技术。心理学家关注到，虽然每一天的生活都夹杂着顺利与烦恼，但我们总是更聚焦在那些不那么美好的事情上。比如，我们可能之前 100 次都顺利参加了朋友聚会，但只要有一次出了糗，这一次就会成为长久的记忆。

所以，请有意地提醒自己每一天发生在自己身上的那些积极的事件——吃了一份喜欢的甜品，买到了一对漂亮的耳环，听了一首动人的歌……不管这件事有多小，都能帮我们纠正只聚焦在负面事件上的认知倾向，显著改善我们的心情。请以周为单位，每天在临睡前花几分钟记录下当天发生在你身上的 3 件积极的小事，坚持 3~4 周你就能培养出从细微处发现美好和幸福的习惯。

这个书写练习看上去很简单，培养的习惯看上去也毫不起眼，却能教会你应对人生低谷的原则——在如意时谨慎，在失意时随性。每当负面情绪来袭的时候，你都会照常去做让自己感到快乐的事——买一件心仪的商品，剪一款新发型……就凭着一点又一点简单的喜悦，来抵消虚无感，冲破情绪的乌云密布。

“积极时刻日志”书写模板：

周一 请写下3件今天所发生的让你感到愉悦的事，并试着描述你当时的心情。
1.今天，我＿＿＿＿＿＿＿＿＿＿，当时我的心情＿＿＿＿＿＿＿＿＿＿
2.
3.

客观中立地说，虽然与生俱来的高敏感和强共情能力曾经给我带来很多情绪困扰甚至痛苦，但是如果我可以重新选，我还是会保留这些能力。因为当我学会用正念和书写来与情绪和谐共处时，情绪就不再是内耗，而是行动的动力，而且也成就了我独有的极强的感知能力。我也曾查询过那些公开分享自己求助过心理治疗经历的名人，名单很长，里面有大家都熟悉的贾斯汀·比伯、珍妮佛·安妮斯顿、杰西卡·阿

尔芭、J. K. 罗琳……从这份名单里我们可以知道，情绪敏感几乎是每一位出众的文艺从业者的标配能力，如果没有消极情绪，那些感动我们的音乐、演出和创作也就不复存在了。

如果你因为失恋也遭受着情绪的困扰，请你知道，你和他们的唯一区别，不过是他们有勇气、有契机先跨出一步，更早地学会了锻炼自己内心的方法，仅此而已。

你不用害怕正在折磨着你的消极情绪，心理科学早已有了系统完善的应对情绪困扰的方法。只要你不把自己主动地封印在悲剧中，选择用这些科学的情绪疗法唤醒你内在觉醒的力量，“触底反弹”就会是失恋过后的人生主题。在未来的每一个人生转折处，你都能凭着记忆里那个熬过痛苦的年轻的自己，找到勇气来面对、来度过。

没有现在被夺走一切、伤痕累累的经历，就不会有治愈后重获新生、找到勇气的自己。

13

第十三章

缺爱者的恋爱学习建议

爱不是一个人偶然幸运地体验并陶醉的一种纯粹的快感，而是一门艺术，一门需要知识和努力才能学会的艺术。

——弗洛姆

许多情感书籍会把缺爱与自卑、不安、讨好等心理症结归为一类，我对此持有不同意见。缺爱描述的是一种已发生的成长经历，心理学中与之最接近的概念是由美国临床心理学博士乔尼丝·韦布（Jonice Webb）所提出的“童年情感忽视”。这个概念指的是，孩子的成长过程中父母没有对其情感需求给予充分的关注，没有注意到孩子的情绪，也没有给孩子恰当的回应，于是孩子长期处在情感需求得不到满足的状态。

这种成长经历将给孩子带来自卑、不安等心理症结。因为在成长过程中，这些孩子的情绪和感受不仅没有得到重视，还时常会被父母用“你哪来那么多问题”等借口进行否定甚至攻击。那么等他们长大后，除非有意地进行认知调整和后天学习，否则也会习惯性地忽视或者否定自己和他人的情感需要。压抑、麻木、空虚、疏离是困扰他们心理的主题词。

在亲密关系里，因为长期忽视并压抑了自己的真实情感，所以他们总是习惯用“我很好”“我没事”来回应他人的关切，无法展现或者表达真实的自己；看上去无比“懂事”的他们也很难察觉、理解他人的情绪，更不用说满足他人的需求，所以他们很难建立一段牢固的恋情。

韦布博士也总结了克服“童年情感忽视”的几大方法——观察自己的情绪、满足自己的情感需求、区分观念和事实、从小事里试着关心自己等。这些方法都包含在第十二章所介绍的“旁观者游戏”“积极时刻日志”等认知书写和正念训练中，只要你在阅读完这本书后采取行动，就能逐渐解开缺爱留在你心里的症结。

除了心理症结外，缺爱的经历还会给孩子造成认知层面的负面影响，就是缺乏好的恋爱教育。当前学校教育并不提供系统的爱情课程，那么缺爱的孩子在进入恋爱关系后会本能将原生家庭的情感互动作为参考。如果父母之间感情很好，也很尊重孩子的感受，那么这个孩子在潜移默化里已经完成了爱情这门课的学习。比如，一个女儿看过爸爸深爱妈妈的样子，她就自然而然地知道一个男生真心喜欢自己的时候该有怎样的表现。但如果父母之间感情很糟，也从不在意孩子的情绪，那么在这个孩子的认知里就会留下错误的爱情模板。在这种环境中成长起来的孩子，很难判断自己所经历的是否是一段良性的亲密关系，也很难辨别接近自己的异性到底是不是合适的伴侣。

所以，除了用心理技法疗愈内心外，这样的孩子还需要通过后天的学习来弥补原生家庭里缺失的情感教育。可惜的是，情感教育因为其低门槛的特征，成了一个鱼龙混杂、泥沙俱下的行业，充斥着许多违背心理学规律的恋爱建议，不仅无法帮助缺爱者，还会加重缺爱者的认知偏差和心理症状。

为此，在这一章节里我将为你梳理一个情感学习的逻辑框架，并挑选最为重要的主题进行阐述。你可以以此框架为依据，进行后续的恋爱修炼。

有害的恋爱技巧

韦布博士在针对“童年情感忽视”进行研究时发现，缺爱者最典型的症状是向内与自己的真实情感分离，向外对他人的在意又远超过对自己的关心。因此，一切以感情中的另一半为焦点或者脱离个体需求的情感技巧都不适合缺爱者。比如，“男生喜欢什么样的女生？”“聪明的女生如何回男生微信？”但非常遗憾，这些技巧反而是网络平台上流行度很高、吸引了不少人的情感课程的内容。

先不论这些课程的具体的内容质量如何，单就从主题本身而言，无论是“男生”还是“聪明的女生”，都是群体概念。群体在心理学的一个基本特征就是自身个性的消失。这也就意味着，当一个缺爱者试图去迎合“男生的喜欢”或者模仿“聪明女生”的恋爱行为时，她就已经放弃了自己原本的个性，而这同样是一种对自己的“情感忽视”。

让我们对照一下“童年情感忽视”的典型案例——父母常常用别人家孩子的表现来否定自己孩子的情感需求，“别的孩子都没哭，怎么就你哭？”——就能发现两种行为模式如出一辙。

唯一的区别是，前者是对自己的主动伤害，后者是无从逃避的原生家庭的创伤。

恋爱学习纲要

行为强化认知，一旦实践了错误的甚至有害的恋爱技巧，就只会恶化原本已经扭曲的认知，让缺爱者继续压抑、否定自己的情感。缺爱者的自我疗愈在于重建与真实自己的联系——觉察、理解、满足、温柔地照顾自己的需求，所有与恋爱有关的学习也必须恪守这个原则。

基于这一原则，下面是为缺爱者制定的恋爱学习纲要。在投身下一段感情之前，你可以依此对自己进行测试，看自己是否已经做好了充足的准备，来开始一段理性、健康的亲密关系。

我们的恋爱学习都应该服务于自己的人生目标。既然你想从这本书里找寻走出失恋、收获爱情的方法，那么你所希望的一定是一段稳固的、经得起时光淬炼的亲密关系。而这样的感情都有一个共同的内核，即关系中男女的需求匹配。

因此，你首先需要弄清楚自己在恋爱中的所需和所求。迷人潇洒、激情四射、浪漫无穷的爱人，可以提供稳定生活甚至帮助你完成阶层跃迁的配偶，与你爱好相同、拥有精神共鸣的伴侣，哪一种是你内心最渴望、最重视的？这个问题并不存在标准答案，也没有好坏高下之分，你可以自由地回答，用自己所定义的幸福标准去选择。或许因为从小没有被给予自主选择的机会，必须听从父母的安排，你会迷茫于自己所追求的目标。那你可以观察身边人、公众人物或者文艺作品中的爱情故事，分析它们的模式、特征以及风险，然后结合自己的心性和需求，思考哪一种更接近自己所想所愿的爱情。这个思考过程必须由你来完成，这个问题的最终回答也只能是你自己来完成，谁也不能代劳。只有你知道了自己所爱、自己所不爱的，才是情感独立的开始；而关系中的两个人都拥有情感的独立，是任何一段幸福关系最基本的要求。

确定了自己所要追求的爱情目标，下一步你要学习的就是如何实现这个目标。无论恋爱或者婚姻，任何一种亲密关系都是两个人的舞蹈，所以你需要一个舞伴，一个愿意和你跳同一种舞蹈的舞伴，找到他比起两个人的练习和配合更重要。否则你爱的是探戈，但他钟情的是民族舞，那无论你们再怎么挥洒汗水、忍受伤痛地练习，事倍功半的恋情终究也很难真的契合。

为了找到合适的舞伴，你还需要学会基本的识人技巧，即能从他的言谈、行为里反推他的心理、情绪状态。如果还未完成这门课，还未拥有准确的鉴别、判断能力，那你需要懂得基本的自我保护技巧，包括对自己身体和金钱财富的保护。在遇上心仪的对象后，你应该了解人际关系的基本心理学规律，如何让他注意到你，怎么破冰开始和他接触。

如果在第一步的学习中，你所追寻的是一段包含真诚和真心的感情，那么你就不需要学习伪装或者精神操纵等心理技巧，你只需要遵守人和人相处的平等、尊重原则。如果他正好不喜欢你，你也会尊重他的选择。

没有原生家庭的自然习得，缺爱者在和心仪对象进行沟通和互动时，可能会出现紧张、焦虑、尴尬、无所适从等情绪障碍。所以，你还需要通过行为训练来帮助自己减轻这些情绪障碍，自然轻松地享受与人的亲密互动。

最后，也最重要的，是你还应该学习非暴力沟通的技巧，这样你才能清晰、坦率又温柔地表达你的感受、你的需求。这样你的爱人才能与你配合，一起跳出轻盈优美的舞步。

恋爱学习纲要总结

课题	内容说明	学习方法建议
确定自己的爱情目标	了解不同恋爱和婚姻模式的特征；分析不同模式各自的风险；确定适合自己的爱情模式	观察法：观察身边亲友、公众人物、影视文艺作品中的爱情模式并进行分析
对人的基本判断能力	根据对方的言论、观点、社交网络，推测他的情绪和心理状态；利用社交网络、互联网查询工具等，对自身社交圈以外的陌生人进行信息确认	信息搜索 观察法：对身边朋友的言谈与观点进行分析 或参看本章个人“经验分享”
恋爱的自我保护	确定自己的爱情目标，掌握性健康与避孕常识；了解情感诈骗特征与案例	信息搜索
人际关系的基本心理学规律	掌握首因效应、近因效应、光环效应、表现原理、趋近度等概念，并知道如何应用它们以给目标对象留下关于自己的好印象	信息搜索 书籍阅读 或参看本章个人“经验分享”
亲密互动的行为训练	通过行为训练，缓解在亲密关系的表达和互动中焦虑、紧张、尴尬等情绪	行为训练，具体请见本章第四节内容
非暴力沟通	了解非暴力沟通的四大要素，区分感受与想法，学会表达感受和需求而非想法	书籍阅读：马歇尔·卢森堡《非暴力沟通》 沟通案例分析，具体请见本章“非暴力沟通”的内容

经验分享

1. 如何对人进行快速判断

不管是恋人还是朋友，我都有比较明确的筛选标准，那就是只和内心温柔、对他人保有基本尊重和善意的人交往。内心温柔的对立面就是社会达尔文主义的信奉者，认为只要自己身居高位，就可以践踏别人的权益。

基于这个筛选标准，我会观察对方在社会地位高于自己的人面前的表现，并对比他在社会地位远低于自己的人面前的表现。同时，聆听他对社会热点和身边人行为的评价，因为非正式场合的观点能充分暴露一个人的内心和思维。

当然，观察和聆听最好是在有其他朋友在场的轻松场合，而非一对一的相亲或者约会，这样可以大幅降低对方为了迎合你编造虚假回答的可能。

2. 如何快速拉近与心仪对象的距离

我个人习惯采用的心理学规律是人们都有的“被认同”的需求。

几乎所有的心理学流派都将认同感视为人际关系的基石：人本主义心理学派的马斯洛提出了认同和尊重是人的基本需求；进化心理学则认为认同感是我们的求生本能，个人单独的生存能力过于薄弱，通过认同和信任建立起的团体协作能显著增加其存活的概率。

在和他人进行初次接触时，我会尽可能挖掘他的兴趣爱好，然后有意识地围绕这些信息展开对话。一方面通过聆听对方可以帮助自己进行判断，另一方面因为聊他感兴趣的话题会让对方感觉良好，而我是促成这种感觉的人，那么他就会把这种积极的、愉悦的感觉和我联系在一起，这样就能快速拉近我们之间的心理距离。

如果你无法通过兴趣爱好找到和对方达成认同的联结点，你可以试着从彼此的人生经历中去寻找共同点。比如，是否都曾选修过某门很难的课程，或者都曾在某个城市工作、生活。

如果从人生经历中依然找不到，你还可以利用社会学习理论中“替代性经验”这个心理学技巧。比如，自己虽然不了解对方的职业，但可以告诉对方某个朋友恰好是同行，来让对方继续分享他的经历。

缺爱者亲密行为训练

“朋友的生日聚会上，我喜欢的男生也在场，我内心其实很窃喜。他也看到我了，还跑到我面前和我打招呼。可是我突然就非常紧张，结结巴巴不知道该回复什么。整场聚会从开始到结束我都不敢主动和他讲话。”这是一名粉丝分享给我的经历。她在缺乏父母关怀的环境里长大，在长期被忽视的经历中，她习惯性地认定别人和父母一样，也不会在意或者回应她的需求。所以，她从来不试着表达自己的情感，把真实的自己藏在亲手打造的硬壳里。

当遇上喜欢的人，她有了打破硬壳被看见的意愿，可是她没有任何相关的经验，暴露在他人目光下让她感到忧虑和恐慌，举手投足、一颦一笑她都需要从记忆里调动合适的模板，自然会笨拙异常。

如果你也是像她一样的缺爱者，下面两个行为训练建议会给予你巨大的帮助：

第一个建议，降低交际难度，在人群中学习相处

这个操作方法运用的是美国著名心理学家阿尔伯特·班杜拉（Albert Bandura）的社会学习理论，即我们都可以通过模仿身边的榜样，进行技能的学习和自我提升。具体做法就是：约自己的心仪或者恋爱对象，与其他恋爱中的朋友一同出游聚会，近距离观察和模仿其他情侣的相处模式，逐渐习惯在亲密关系里的表现和表达。

第二个建议，在情景想象中进行情绪脱敏

具体做法就是：在大脑中想象一个最让自己紧张、尴尬和焦虑的场景，然后想象中的你要去主动告诉对方，他很吸引自己。这个操作方法就是利用心理学的“系统脱敏疗法”

来消除自己在亲密情感表达时的情绪障碍。你可以在想象中一次次提高场景的难度，一开始你很可能会有心跳加快、呼吸急促等不自在的感受，但在6~7次的训练以后这些不适的反应就会趋缓。

非暴力沟通

大学期间，我曾经在上海一家本地日报《新闻晨报》的“周末家庭版”实习。实习期间，我倾听过上百位对夫妻的相处烦恼，最大的感受就是，绝大多数夫妻之间的沟通都不是直接诉说自己的感受或者需求，而是通过指责、抱怨、比较、命令等伤害对方的方式来表达。

我始终记得，一名妻子提前订了餐厅想给丈夫一个生日惊喜，但是丈夫临时加班错过了她的安排。她委屈万分，在我和她丈夫都在的公开场合也无法克制情绪，情绪激动地抱怨：“我特地花时间去做的安排，还订了蛋糕，但是全被他浪费掉了！”被指责的丈夫或许觉得丢脸，忍不住为自己辩解，他辛苦加班也是为了家庭。两个人各不相让，争吵升级。“可是她明明很爱她的丈夫，想陪他过一个难忘的生日，她现在心里是难过和失望，为什么她不直接说出自己的需要和感受呢？”年轻的我忍不住对这名妻子的行为感到迷惑。

美国威斯康星大学临床心理学博士、非暴力沟通专家马歇尔·卢森堡（Marshall Rosenberg）把这种不直接表达自己的感受和需求，反而用攻击他人的曲线表达来沟通的模式称为“暴力沟通”。这种糟糕的沟通模式不仅常见于我们的父辈中，也几乎是缺爱者的标配。因为如果一个人从小就可以自由地向父母表达内心感受并得到鼓励和回应，他自然就会养成对外界直接讲述自己需求的习惯；但如果恰好相反，父母根本不聆听，也不在意，更不会满足孩子的感受和需求，这样的孩子只能以叛逆、伪装、制造内疚感等其他方式来引起父母的关注。他与自己内心真实的情绪和需求一定是疏离的，无法觉察，也不知道如何聆听自己内心的声音。

如果没有后天的疗愈和系统性学习，那么这些孩子只能在亲密关系里照搬原生家庭的沟通模式。这就是为什么我们经常能在缺爱者身上发现“嘴硬心软”的显著特征。心软是内心没有原则和底线，不知道自己在关系里所追求和坚持的到底是什么，总能轻易地被他人用爱的名义影响原有的想法和决定；嘴硬是不懂沟通，明明在感情里付出很多，也很为对方着想，希望两个人可以甜蜜相爱，但是另一半不但无法感知他们的心意，反而常常觉得自己不被信任、不被喜欢、不被接受。有时另一半都已经提出分手了，缺爱者还不知道这段感情哪里出了问题，为什么另一半对自己那么失望和不满。

在认知修正以后，如果我只能向缺爱者推荐一个恋爱技能的学习，那我会选择卢森堡博士所创的“非暴力沟通”。学会直接表达自己的感受和需求，才能让爱人知道该如何满足我们的期待；停止攻击他人的曲线表达，才能让爱人同样对我们真诚地袒露心声。我会在这一节里介绍非暴力沟通理论的核心内容，但依然推荐大家精读卢森堡博士的《非暴力沟通》一书，这是在全球范围内引起强烈共鸣、帮助无数人的一本经典著作。

非暴力沟通模式有四个要素：

第一个要素：观察。表达对事实观察的结果，而不是判断和评估。

第二个要素：感受。真诚地表达自己的情绪，特别是负面的情绪，比如害怕、受伤、焦虑、不满。

第三个要素：需要。说出是因为自己的哪些需要被满足或没被满足，才导致了那样的感受。

第四个要素：请求。提出具体的请求。

如果仅看观察、感受、需要、请求四个词，你或许会觉得非暴力沟通很简单，自己也一直和恋人分享自己的心情和想法。但结果偏偏就是，他觉得你情绪化或者负能量满满，还是坚持要分手。那是因为绝大多数人只是认识这四个词，但并不是真的理解这四个要素。

第一个要素：观察

做到这点的关键在于能准确地区分观察和评论。比如，一名女生向男朋友诉说："你总是很忙，你很少陪我！"例子里的女生用了"总是""很少"等频率副词，这句表达就是评论而不是观察。"评论性的沟通"会让聆听者觉得女生是在夸大事实、言过其实，并不是在讲述事实而是在指责他；例子里的男朋友有很大概率会援引两人相处的事实，来证明女生的指责没有道理。比如，他会回应说："怎么就很少陪你，上周三不是刚通过很长的电话？"那么，两个人后续的沟通就会以到底"有没有陪"这个问题进行辩论，互相试图说服，沟通就彻底背离了女生想要获得更多陪伴的初衷。

如果例子中那名女生的男友心智不够成熟，就会因为她的"评论"而产生逆反心理，索性直接发脾气——"你到底要怎么样？你不能有自己的生活吗？我什么都不干天天陪你，你才满意吗？"甚至拒绝继续沟通。

就这样，评论引来了反问，指责引来了反驳，沟通彻底变成了争吵。

如果是能区分评论和观察的女生就会如此表达："我最近给你打了几次电话，但你总说没时间在忙，聊了几分钟就挂了。"这样的陈述就会让两个人的沟通先建立在客观事实的基础上。

第二个要素：感受

很多人在沟通时往往无法分辨自己所表达的究竟是感受还是想法，比如我们常常在情侣之间听到如下的抱怨：

“我觉得你不爱我了！”“你这样做让我觉得自己不受重视。”“我在这段恋爱里根本没有得到过你的支持！”“我觉得我被你误解了！”“我被你利用了！”

我们可以注意到，每一句话的焦点都是“你”，是对方不爱自己、不重视自己、不支持自己、误解自己、利用自己。这些表达都是一个人自己的想法，而不是感受。因为这些抱怨中的每一句都是对他人的判断和评论，并没有一句是表达自己内心感受的。这样的沟通方式不仅充满着攻击性，而且在沟通里完全放弃了自己的诉求和主张。即便对方想要与你沟通，他后续的谈话内容也会从为自己辩解开始，而不是关于你的感受。

如果是一个掌握非暴力沟通技巧、懂得表达真实自我的人，就会把沟通方式调整为：“你要离开，我很难过。”“今天你来陪我，我很高兴。”“一想到你曾经的行为，我就感到愤怒！”

不管是积极还是消极的感受和情绪，这些表达的中心焦点都是自己。只有当你先听到并讲出自己的感受和情绪，他人才能听见你的喜怒哀乐。被听见了，才有后续被满足的可能。

第三个要素：需要

这一点同样是看起来很简单，实际上却是很多人在现实生活的沟通中并没有做到的沟通要点。比如，刚才情侣间抱怨的例子：

“我觉得你不爱我了！”“你这样做让我觉得自己不受重视。”“我在这段恋爱里根本没有得到过你的支持！”“我觉得我被你误解了！”“我被你利用了！”

这些抱怨不仅没有一句是感受，也没有一句是在直接表达自己的需要。因为每一句话都是针对别人的忽略和错误，那么对于聆听者而言，他的下意识反应自然是辩解和反击。

如果真的是遵守了说明需要的沟通原则，那么表达者的话术就会调整为：“我希望能更多地感受到你的爱。”“你这么说，我很难受，我需要尊重。”“你答应今天陪我吃饭却没有来，我有点难过，我本来是希望可以和你聊一下的。”

相比之前的表达，调整后的每一句话的焦点都是关于自己、自己的感受、自己想要的东西。这样聆听者也不会觉得被冒犯及有必须立刻为自己辩护的冲动。因为你只是在表达自己的感受——快乐或者难受，并不是因为对方做错了什么，而是你想要告诉对方你的需要。这样的你是在为自己负责，而不是把自己的喜怒哀乐及所有情绪的波动一股脑儿地推到爱人的身上。

第四个要素：请求

这是最后一个，也是最重要的要素。毕竟我们所做的每一次沟通努力都是希望别人能对我们的请求给予积极的回应。在非暴力沟通中，请求也需要遵守几个关键原则：

第一是具体清楚地告诉对方，我们希望他做什么，而不是让他自行揣测我们的心意。如：“你难道不知道我为什么生气吗？”“如果你爱我，你难道不知道我不喜欢参加这种聚会吗？”这些例子就违背了非暴力沟通对于请求的定义。因为这样的沟通只表达了自己的不满，却认为别人可以透过这些不满知道我们想要的到底是什么。

第二是知道请求与命令的差异。请求是否得到满足的决定权掌握在被请求者手里。如果不能接受这一点，一旦自己的请求没有得到满足，就对对方进行批评、指责，或者试图勾起对方的内疚心以达到目的，那这就是命令。

你想要男朋友休假陪你旅游，但被拒绝后你就开始指责对方：“那我谈这个恋爱的意义何在呢？”或者利用对方的内疚心理说：“你要是爱我，你就会陪我。”这些沟通均是命令而非请求。任何一位聆听者都不愿意被命令，尤其是身处不以权力作为行为原则的亲密关系中。命令式的沟通会让关系迅速恶化，一旦聆听者感觉你在强迫他，他满足你要求的意愿就会大幅受挫，甚至有时明知这些命令出于好心，但抵触的情绪依然会影响聆听者对你的好恶判断。

很多失恋者为之痛苦也无法理解的“自己明明对他那么好却不被珍惜”，即是因为错误地把待人好理解成了“讨好”，这背后也有暴力沟通在推波助澜。

在理解了非暴力沟通这个方法论以后，你就应该在日常生活里有意识地去调整，养成从自我需要的角度来沟通的习惯，而不是通过批评来提出自己的主张。习得这种更平衡的沟通技能，不但能温柔对待自己，而且能更温柔对待他人，自然也更有可能得到别人积极的回应。

当然你也许会质疑，为什么谈恋爱不能随心所欲地表达自己？为什么连怎么说话都要去学习？理由很简单：强硬的、对抗的、不好惹的自己是给敌人准备的；而对于我们所爱的以及爱我们的人，温柔和温暖是他们值得我们去给予的。

在你阅读完《非暴力沟通》这本书后，也可以在之后观看影视剧作品的时候，用四要素作为依据，判断剧中人物所进行的是暴力还是非暴力沟通，这样不仅能从休闲时间里继续学习人际相处技能，还能丰富我们的观影体验。

希望读完这一章的内容后，你能够撕掉“缺爱”这张身份标签，因为我们人生的幸福与父母感情是否和睦并没有绝对的关系。父母之间缺乏积极正向的沟通会造成子女成长后对亲密关系的排斥和不信任；但是父母关系不和睦，子女成长后拥有幸福婚姻和感情的例子也不胜枚举。

父母感情不和睦不过是没有让我们从原生家庭里自然完成这门课的学习，但关于亲密关系的知识、技巧和经验，我们也能在后天通过理性自己学习、自己掌握。学习的主动权在我们手里，和父母无关。你和那些不缺爱的女生相比，缺的不过是一些技巧、一些知识、一些内心锻炼的方法，仅此而已。

当然，即便你学习了上面所有的内容，再以真诚的心去爱，你的爱情依然存在失败的可能：也许是在初遇时，你没有把握住机会；也许判断错误，你爱上了不对的人；也许两个人虽努力去爱，但因生活的挑战太艰巨而耗尽了双方的心力。你还是会因为遭拒绝、因为错过、因为付出没有得到回报而感到悲伤与痛苦。

但是那时的你应该已经知道，恋爱就是人生的一门功课，出了错、没有满分都是再正常不过的现象。而你已经学会在失败和痛楚中反思，继续迅速地学习和成长，修补已有的恋爱思维和经验体系中的漏洞，然后继续前行，迎接下一阶段人生给予你的馈赠。

那些错爱、爱情失败即便重现，也只是沉淀、丰富你人生旅程的一部分，它能让你更坚定地朝着幸福的方向飞奔。在那时，你就真真切切、完完全全地走出了失恋。

后记

有多少爱可以重来？

书稿写到最后的时候，传来了大 S 闪婚旧爱的消息。这位叫具俊晔的韩国男性是大 S 出道后公开的第一位男朋友，两人短暂恋爱后也有逾 20 年没有见过面。娱乐圈里再续前缘的例子并不少见，莫文蔚情定 24 年前的初恋 Johannes，王菲和谢霆锋的“世纪大复合”，袁泉和夏雨历经波折后的修成正果…… 每次这样的爱情故事出现，总会让旁观者忍不住感叹一句：“缘，妙不可言。”

也总有人会暗自在这样的故事里看到希望的踪迹，当下已经转身离去的人或许会在下一个人生阶段里重逢。怀揣着这种近乎玄学心愿的人并不在少数，我曾近距离接触过许多失魂落魄的恋人，从挽回课程到情感导师，甚至明显为骗局的“和合法事”，都如救命稻草一般紧攥不放。

失恋者期待复合的心愿，并不能被简单粗暴地判定为执念，毕竟世间确实存在破镜重圆，为什么不能是他们？所以，对破镜重圆的发生条件进行梳理，或许是更有价值且更能给予失恋者安慰和启发的内容。

任何一段正常的人际关系都有一个基本前提，即“尊重自由意志”。失恋的背后是一位恋人丧失了爱意，决定放弃这份情感，放弃是他的自由意志。复合的背后也应当是他的自由意志，他又一次决定去爱。从始至终，转变的枢纽都藏在离开者身上。所以，从离开者的视角去看爱火重燃，大致会有三种可能——

第一种，从旧人身上有了新的认识。这种情况在未曾有过恋情的男女当中很常见，许多爱情便是从童年玩伴、幼年同学、老同事的身份里滋生出的。在最初相识的那段时期，两个人并未感到爱意，只是以普通朋友的身份相处。多年后的重新相遇，让彼此有了眼前一亮的感受，再有了新的认识、新的悸动，再发展出恋情。

而恋爱后这种旧情复炽反倒甚是罕见。要是有，那么当时两人的相爱应该也很短暂，原因也易于察觉。当彼此的记忆如新画布一般空白，着色自然容易。如果是长期的亲密关系，彼此早就目睹了各自最好和最糟的一面，尤其是当这段感情里有一个孤独缺爱的爱人，那他更会早早地把自己的过往和内心需求表露无遗。

当一个爱人熟谙了旧爱的内核，原有的印象便不可能通过所谓发型、妆容、身材的改变而有所动摇。重逢能唤起的是两人相处里留在他内心最深处的那道情绪印迹——痛楚、羞辱、厌恶等；也或者，所有的印迹已经消散在时光里，那就只剩麻木和若无其事。很多挽回机构会用“形象提升”作为改变他人心意的手段。但如果爱意真的尚存，更符合人性本质的剧本是：时隔多年后偶遇，皱纹已经爬上你的眼角，你早已不复青春少女的曼妙；但当曾经爱人的目光从人群落及你身上的那一刻，你们就已抵达令人怀念的一步之遥处。

爱，不是荷尔蒙，不会迷失在形象的改变中，它会穿过躯体再次爱上那个相同的灵魂。“你现在这张备受摧残的面孔比年轻时娇嫩的面孔更让我热爱。”杜拉斯将这种爱转成了被永远铭记的经典文字。这就是第二种旧情复燃的情况——失意者的安慰。很抱歉，用“失意者的安慰”这样六个字来总结这种常常在文学和影视作品里被美化的感情。因为这种重拾旧情，多少是带着一些经过和其他人的比较后，还是觉得你最好的意味。而这种比较后的后悔无法避免地需要他正在经历着某种人生的不如意，失意了才会想起曾经有人不顾一切地痴迷于自己，才会有想要重新拾回被爱的精神慰藉。

许多失恋者曾潸然泪下地问我：“他何时会后悔？”只是这个答案的关键并不藏在失恋者身上，而在于离去者的人生际遇。如果他在离开你以后顺遂得意，那春风得意马蹄疾，长安花尚且赏不尽，他是决计不会分配时间去回望旧时光的。只有失落才会让他怀念你，也只有失落会让你愿意接纳那个回望的他。两个失意者的互相安慰和扶持，是旧情复燃最常见的形式之一。这种复合会长久吗？一般不会。除非两个人青春已逝，人生再也翻不出什么精彩浪花了，才有可能也就彼此凑合着过完一辈子。但只要回望的那一位在世俗名利上见了新转机，赶上又一次的命运起风口，他就必然会再次察觉旧人身上原来便有的嫌隙。

第三种爱火重燃的情况是，两个人之间爱情的火苗从来没有熄灭过。或许因为某一方被山洪般暴发的情绪冲昏头脑，提出离散；或许某一方做出了伤害两人感情的行为，但是两人对彼此的感情并没有耗尽，只是当下出于自尊、骄傲等原因，无法携手度过伤害。只有等待时光荏苒，柔软了不原谅的坚持，才会有再次牵手的契机。

如果你至今仍有让爱重来的心愿，不妨对号入座，查看三种破镜重圆所需要的条件：

第一种，让他从你身上得到新的启发，你不再是一个旧人的身份，而是一个新的遇见。要实现需要两个条件：其一是从内核诞生的全新自我，其二是原来相处记忆的淡化。全新自我的培育，正是这本书最重要的主题；相处记忆的淡化只有时间可以做到，需要耐心地给予彼此时间，让你和他都忘记恋情走到末尾的不堪与狼狈。

第二种，失意者从旧情里找温暖，起决定因素的是命运，你能掌控的人为因素极少。因为需要他在机遇不顺中被打压，也需要你在身处低谷时感叹平淡是真，你们才会选择重新接受彼此。

第三种，你越是决然地离去，不给分手提出者任何思考自己的决定是否理性和真诚的机会，那么爱意的火种得到保存的概率就越大。而挽回的反复拉扯只会让对方多次确认分手是正确的决定，也就正式地关闭了复合这扇门。

无论是哪一种，你都应该可以察觉到，最利于召回爱人的方式都是接受分手，然后把关注的重点移到自己身上，从内心做出改变，迎接新的成长。我曾经去安慰过许多失恋者的那句话，“你不要他了，才有可能和他再战一场”，即为此意。实际上，当你真的选择了正确应对失恋的方式，只要你踏上那一条路，未来的他后悔、心痛的隐藏线索就出现了，只是你不会再期待或接受他的回心转意。

失恋后痛不欲生的你，后来的人生还会怎样？

时间会慷慨地帮所有人愈合伤疤，也许会有一道伤疤留下来，在换季或者其他注定不注定的瞬间，会隐隐作痒提醒你原来有人曾在那里插上了一把刀。你依然会保留关于痛苦的回忆，但也只是回忆里的画面——暴瘦、晕倒、无法呼吸、心痛如绞、淋雨、嘶吼、哀求……你会记得自己所做的一切，但是你已经感受不到了，那种撕心裂肺的痛感受不到了。

你卑微挽回换来的冰冷的厌烦，也会永远清晰地留在你的回忆里。你会记得他的眼神，会记得当时房间的布置，甚至还能听见当时对话的声音。但是你只是记得，你感受不到了，你的四肢不会发冷，你的心跳不会错过一拍，你的呼吸不会困难。

这就是后来。你不会失忆，也不会忘记，发生的不会从你的人生中凭空消失。但你不会如失恋初期那样，每天反反复复、一次又一次经历所有痛苦。时间会让你成为过往痛苦的一个旁观者，你终于不需要像主角一样去切身沉浸到失恋人的孤注一掷中，你会变得像个八卦看客一样，只是这次上热搜的是曾经的自己。

这就是时间，一视同仁。区别在于，你是否愿意给时间以信任和耐心。

还有一个好消息，无论现在情况如何，他多绝情你多绝望，只要你们满足下面这几个条件，那么时间一定是站在你这边的。除了让你痊愈以外，时间还会让你成为他心底珍藏的那道光。你们未必会继续在一起，也许你们根本不会再见面，但是你会在他心里一个不受干扰的角落被永远地想起，并爱着。无论你愿不愿意、需不需要，你曾经爱过的人都会以他的方式默默守护你。

条件是：

1. 他曾经真心爱过你；

2. 你足够优秀；

3. 你曾经真心爱过他；

4. 分手有他不珍惜的因素；

5. 你在分手后很优秀，过得很好；

6. 你决然离去，埋葬所有恩怨，不再回头。

这是人性的规律，在两性关系中，人性大过一切。

短期的关注，人都会给予新欢和得不到的。但是只要给足时间以耐心，你保持决绝的“已失去”状态，你曾经付出的每一份真心，都会成为你的筹码，在某一个你想象不到的时刻，成为他思念里的不可承受之重。

“你对他越好，他越不珍惜”，这句谬误唯一能成立的原因也是因为你根本不知道什么叫作真正地对人好。对他好，不是洗衣做饭，不是卑微迎合，而是无论境遇如何，你都是人群中对他微笑的人，给予他信任和支持。优秀的你、能干的你，曾经的人生有一份动力在为他而活。他的梦想分了一半给你，他的目标分了一半给你；你的光、你的热、你在这个世界的骄傲和成绩也要分一半给他。

如果在一段感情中，你曾经是他生命中那样的角色，无论你们相爱多短暂，无论分手后你在崩溃、刺激中做了多少低到尘埃中的事，云淡风轻以后，你一定还是他的那道光。

无论就是无论，一定就是一定。这是人性的规律，不是我在试图安慰你。

所以，把他完好无损地交还给人海，也请把自己交给时间，它定会还你一个完好无损。

图书在版编目(CIP)数据

醒醒吧，恋爱脑：为什么你走不出失恋？ / 绅女著. -- 桂林：漓江出版社， 2022.11
ISBN 978-7-5407-9265-7

Ⅰ. ①醒… Ⅱ. ①绅… Ⅲ. ①恋爱心理学 – 通俗读物 Ⅳ. ①C913.1–49

中国版本图书馆CIP数据核字(2022)第098584号

醒醒吧，恋爱脑：为什么你走不出失恋？
XINGXING BA，LIAN'AI NAO：WEISHENME NI ZOU BU CHU SHILIAN？

作　　者：绅　女

出 版 人：刘迪才
策划编辑：杨　静　　责任编辑：杨　静
封面设计：杨　毅　　版式设计：李自茹
责任监印：黄菲菲

出版发行：漓江出版社有限公司
社　　址：广西桂林市南环路22号
邮　　编：541002
发行电话：010-65699511　0773-2583322
传　　真：010-85891290　0773-2582200
邮购热线：0773-2582200
电子信箱：ljcbs@163.com
网　　址：www.lijiangbooks.com
微信公众号：lijiangpress

印　　制：香河县闻泰印刷包装有限公司
开　　本：880 mm × 1230 mm　1/32
印　　张：8.5
字　　数：170千字
版　　次：2022年11月第1版
印　　次：2022年11月第1次印刷
书　　号：ISBN 978-7-5407-9265-7
定　　价：58.00元